LIDERAZGO CONSCIENTE

Despierta tu **Potencial**

Gonzalo Galera

**LIDERAZGO
CONSCIENTE**
Despierta tu **Potencial**
© Gonzalo Galera
México, 2024

Los derechos sobre el presente libro están reservados legalmente. Queda prohibida toda reproducción por cualquier medio sin la autorización por escrito del autor.

Primera edición: noviembre, 2024.

ISBN: 9798345670675

Portada: *Norte*. Gonzalo Galera (2024).

Contacto:
ggalera@theboxboss.com
+52 55 26212765

Edición: Miguel Lazcano
Ciudad de México, 2024.

*"Tener la capacidad de liderar no es suficiente.
El líder debe estar dispuesto a utilizarla".*
Vince Lombardi

A todos los líderes silenciosos que, día a día,
transforman el mundo con pequeños actos de bondad y coraje.

A mi familia, por ser mi constante fuente de inspiración y apoyo.

A mis mentores, que me enseñaron que el verdadero liderazgo
comienza con el autoconocimiento y la compasión.

Y a ti, lector, por tu compromiso de convertirte
en el líder consciente que el mundo necesita.

Que este libro logre liberar todo tu potencial.

Contenido

Prólogo: El Despertar del Líder Consciente..................................1

1.- El Desafío del Liderazgo en el Siglo XXI.............................3

2.- La importancia del Liderazgo Consciente.........................15

3.- El Poder del Liderazgo Consciente....................................29

4.- Revelando el Liderazgo Auténtico..................................... 41

5.- El arte de la Asertividad...57

6.- La Pasión como motor..71

7.- Una Armadura llamada Resiliencia...................................93

8.- Liderazgo Femenino, fuerza incansable.........................113

9.- Ser Introvertido, ¿Debilidad o Fortaleza?.......................129

10.- La disciplina y los hábitos..143

11.- El poder de la Comunicación..157

12.- Transformando tu Potencial..175

13.- Metamorfosis..189

14.- Manos a la obra..195

Bibliografía..201

Prólogo:
El Despertar del Líder Consciente

Muchas personas aspiran a escribir un libro a lo largo de sus vidas, pero pocas tienen el arrojo y la determinación necesarios para lograrlo.

Hace dos años, en el verano de 2022, Gonzalo [el autor] me compartió su intención de iniciar este proyecto. Durante este tiempo, he sido testigo de cómo Gonzalo ha emprendido un proceso intenso de exploración e investigación sobre la dirección y el liderazgo. Con el objetivo de enriquecer su propia experiencia como líder, ha asistido a seminarios y talleres especializados en el tema. Además, se ha acercado a líderes de diversas industrias y tipos de empresas para conocer sus modelos de pensamiento y acción. De igual manera, ha realizado un esfuerzo considerable por estudiar y recopilar tendencias, así como las mejores prácticas documentadas en la literatura de gestión. Todas estas perspectivas han nutrido la creación de este libro y es esta misma actitud y este proceso de exploración, aprendizaje, crecimiento y transformación personal lo que ahora se pone a disposición del lector a través de las páginas de este libro.

En un mundo caracterizado por la rapidez del cambio y la creciente complejidad, las fórmulas de liderazgo deben ser revisadas desde nuevos enfoques. Sin desconocer los valores permanentes, es necesario incorporar nuevas dinámicas. En este contexto, el Liderazgo Consciente emerge como una perspectiva que nos invita a un recorrido de autoconocimiento, automotivación y acción con sentido y propósito, promoviendo un entorno más sostenible y partiendo de reconocer el impacto que tenemos como líderes en nuestro entorno más inmediato.

A lo largo de este libro, el autor nos presenta un enfoque en el que los líderes pueden actuar con plena conciencia de sí mismos, de los demás y del entorno. Y es que, en el siglo XXI el líder está llamado más que nunca a servir, habilitando el desarrollo de los demás y fomentando el cuidado del entorno que lo rodea. Este llamado a una creciente consciencia implica actuar con mayor responsabilidad, ética, empatía, confianza, colaboración y adaptabilidad, impulsando el bienestar colectivo, donde los resultados se equilibren con la sostenibilidad de nuestras decisiones y conducta.

El autor articula su propuesta sobre el Liderazgo Consciente, estableciendo el "por qué", el "qué" y el "cómo" detrás de este paradigma. En las páginas de este libro, el lector encontrará teorías, modelos, referencias a la literatura, menciones a líderes históricos y contemporáneos, casos, ejemplos, ilustraciones, técnicas, herramientas, recomendaciones prácticas, así como reflexiones desde la experiencia personal. Todos estos elementos respaldan la propuesta del Liderazgo Consciente, que acentúa el impacto del líder en el ambiente y en distintos contextos, sustentada en cuatro pilares: Resiliencia, Asertividad, Autenticidad y Pasión.

Este trabajo nos desafía a cuestionar las fórmulas del pasado, para construir un modelo de liderazgo más humano e intencional, cuyo éxito se mide simultáneamente por los resultados obtenidos, por la capacidad de transformación, así como por la huella que dejamos en los demás y en el mundo. En definitiva, el libro *Liderazgo Consciente* representa una magnífica oportunidad para reflexionar, aprender y evolucionar nuestro estilo de liderazgo, influir positivamente y crear el ambiente y las condiciones para generar un cambio significativo en la sociedad.

Salvador Cerón de la Torre.

1
El Desafío del Liderazgo en el Siglo XXI

"La función de un líder es la de crear más líderes, no más seguidores".
Ralph Nader

En un mundo cada vez más interconectado y dinámico, el papel del líder ha trascendido las convenciones tradicionales. Hoy en día, ser un líder consciente implica mucho más que poseer habilidades de gestión y dirección; también requiere la capacidad de inspirar, influir y adaptarse en un entorno en constante cambio. El liderazgo ya no es simplemente un título o una posición; es una elección consciente, una forma de vida que implica guiar a otros hacia una visión compartida y metas comunes. Un verdadero líder no se limita a dar órdenes; transforma la visión organizacional en realidad, motivando y movilizando a un equipo hacia un propósito compartido.

Este libro profundiza en los fundamentos del liderazgo moderno, explorando cómo desarrollar un estilo de liderazgo auténtico que se alinee con los valores y metas del líder y del equipo. Abordaremos técnicas de comunicación asertiva y empática, y proporcionaremos estrategias para potenciar el talento de equipos diversos. Además, discutiremos cómo la innovación y la colaboración son herramientas esenciales para afrontar los desafíos del futuro con determinación y creatividad. Nos adentraremos en lo que distingue a un líder excepcional y cómo estos elementos pueden ser cultivados y aplicados en diferentes escenarios.

A través de ejemplos prácticos, investigaciones actuales y reflexiones personales, este libro ofrece un enfoque integral para aprender a ser líderes que no solo sobreviven, sino que prosperan y trascienden en un mundo que exige liderazgos visionarios y éticos.

Exploraremos cómo desafiar el status quo con enfoques disruptivos que impulsen un cambio positivo, reconociendo que todos tenemos el potencial de ejercer un liderazgo significativo y transformador.

Este libro es una invitación a un viaje de autodescubrimiento y mejora continua como líder. Es un camino que desafiará tus percepciones, inspirará tus acciones y te equipará con las herramientas necesarias para marcar una diferencia real en tu vida y en la de quienes te rodean. Esta transformación no solo busca mejorar tus habilidades de liderazgo, sino también generar un impacto duradero en las organizaciones y comunidades en que participas o lideras. Prepárate para una experiencia que trasciende lo profesional, abarcando también lo personal y lo social, permitiéndote liderar con propósito y convicción en cada aspecto de tu vida.

Teorías del Liderazgo

"Un líder es grande, no por su poder, sino por su capacidad para empoderar a los demás".
John C. Maxwell

A lo largo de la historia, han surgido diversas teorías que intentan explicar qué hace a un líder efectivo. Estas teorías no solo nos ayudan a entender por qué ciertos individuos sobresalen en roles de liderazgo, sino que también nos proporcionan herramientas para desarrollar y perfeccionar nuestras propias habilidades de liderazgo. A continuación, se presentan algunas de las teorías más influyentes:

1. Teoría de los Rasgos: Esta teoría sostiene que los líderes efectivos poseen una serie de características personales innatas que los predisponen al éxito en roles de liderazgo. Estos rasgos incluyen carisma, inteligencia emocional, motivación intrínseca y una gran capacidad para la comunicación. Sin embargo, las investigaciones actuales sugieren que el liderazgo no se limita a características innatas; muchas de estas habilidades pueden desarrollarse a lo largo del tiempo mediante la autoconciencia y la experiencia.

2. Teoría del Comportamiento o Estilos de Liderazgo: Esta teoría se centra en los comportamientos observables de los líderes y cómo estos influyen en el desempeño y la satisfacción de sus seguidores. A diferencia de la teoría de los rasgos, enfatiza que el liderazgo se define no solo por "quién eres", sino por "cómo actúas". Entre los estilos de liderazgo que se analizan dentro de esta teoría se encuentran el liderazgo autocrático, donde el líder toma decisiones unilaterales; el liderazgo democrático, que promueve la participación y colaboración del equipo; y el laissez-faire, que otorga un alto grado de autonomía a los seguidores. Cada estilo tiene sus propias ventajas y desventajas dependiendo del contexto.

3. Teoría de la Contingencia: Esta teoría postula que no existe un estilo de liderazgo único y universalmente eficaz. En cambio, el éxito del liderazgo depende de la adecuación entre el estilo del líder y las circunstancias específicas de la situación. El modelo de Fiedler, por ejemplo, sugiere que algunos líderes son más efectivos en situaciones estructuradas y controladas, mientras que otros prosperan en entornos más caóticos. De manera similar, el enfoque del camino-meta destaca la importancia de que los líderes adapten su estilo para alinearlo con las metas y las necesidades de sus seguidores. Esta teoría subraya la importancia de la flexibilidad y la adaptabilidad en el liderazgo.

4. Teoría del Intercambio de Liderazgo (Liderazgo-Miembro): Esta teoría pone el énfasis en la relación dinámica entre líderes y seguidores, sugiriendo que los líderes no interactúan con todos sus seguidores de la misma manera. En lugar de ello, desarrollan relaciones diferenciadas con distintos miembros del grupo, basadas en intercambios de confianza, apoyo y expectativas mutuas. Algunos seguidores pueden recibir mayor atención y recursos, lo que puede fortalecer su compromiso y desempeño, mientras que otros pueden sentirse marginados. Esta teoría resalta la importancia de la equidad y la gestión efectiva de las relaciones dentro de un equipo.

5. Teoría de Liderazgo Transformacional y Transaccional: El liderazgo transformacional se centra en la capacidad del líder para inspirar y motivar a sus seguidores a trascender sus propios intereses en favor de los objetivos colectivos. Los líderes transformacionales fomentan un sentido de propósito compartido y buscan elevar el potencial de su equipo. En contraste, el liderazgo transaccional se basa en un enfoque más pragmático y orientado a resultados, donde las interacciones entre líder y seguidor están marcadas por intercambios claros: recompensas a cambio de cumplimiento y rendimiento. Ambas formas de liderazgo son esenciales, aunque el transformacional se asocia frecuentemente con cambios más profundos y duraderos en las organizaciones.

6. Teoría de Liderazgo Carismático: Explora cómo algunos líderes, a través de su carisma personal, visión clara y habilidades comunicativas, son capaces de generar un fuerte seguimiento y lealtad. Los líderes carismáticos inspiran y movilizan a sus seguidores mediante su personalidad magnética y su capacidad para articular una visión atractiva del futuro. Sin embargo, esta teoría también advierte que un carisma mal dirigido puede llevar a la manipulación y al abuso de poder.

Estas teorías ofrecen diferentes perspectivas y herramientas para entender el liderazgo, cada una con sus propias fortalezas y limitaciones. La integración de varias de estas teorías puede proporcionar una visión más rica y compleja de lo que significa ser un líder efectivo en diversos contextos. No existe un único camino hacia el liderazgo exitoso; más bien, la eficacia del liderazgo a menudo resulta de una combinación de factores personales, conductuales y situacionales. Comprender y aplicar estos enfoques de manera reflexiva y consciente permite a los líderes adaptarse y prosperar en un mundo cada vez más complejo y cambiante.

Estilos de Liderazgo

"No inspiras a tu equipo mostrándoles lo increíble que eres. Los inspiras mostrándoles lo increíbles que son".
Robyn Benincasa

El liderazgo puede manifestarse de diversas formas, y los estilos que un líder adopta pueden variar en función del contexto y las necesidades de su equipo. Cada estilo tiene sus propias fortalezas y limitaciones, y es importante reconocer que la efectividad de un líder radica en su capacidad para adaptarse y aplicar el enfoque más adecuado en cada situación. A continuación, exploramos los estilos más comunes y cómo influyen en la dinámica y el rendimiento de los equipos:

1. Liderazgo Autocrático: Este estilo se caracteriza por la toma de decisiones unilaterales y el control centralizado. Es especialmente útil en situaciones de crisis o cuando se requiere una respuesta rápida. Sin embargo, su enfoque rígido puede desmotivar al equipo si se utiliza de forma continua, ya que limita la participación y el sentido de pertenencia de los miembros.

2. Liderazgo Burocrático: Centrado en la adherencia a reglas y procedimientos, este estilo asegura la consistencia y el cumplimiento normativo, especialmente en entornos altamente regulados o donde la precisión es crítica. No obstante, su naturaleza estructurada puede frenar la creatividad y la capacidad de innovación de los equipos, por lo que es más efectivo en contextos que demandan estabilidad y control.

3. Liderazgo Participativo (Democrático): En este enfoque, el líder fomenta la participación y el intercambio de ideas, lo que genera un sentido de pertenencia y motivación en el equipo. La colaboración suele derivar en soluciones innovadoras y fortalece la cohesión del grupo, aunque puede ralentizar la toma de decisiones en situaciones que requieren inmediatez.

4. Liderazgo Laissez-Faire: El líder otorga autonomía total al equipo, confiando en sus habilidades y permitiéndoles trabajar de forma independiente. Este estilo es ideal para equipos experimentados, pero puede resultar en falta de dirección y cohesión si no se aplica en el contexto adecuado.

5. Liderazgo Transaccional: Este estilo se basa en un sistema de recompensas y sanciones para alcanzar los objetivos establecidos. Es eficiente para tareas rutinarias y metas a corto plazo, ya que establece expectativas claras. Sin embargo, puede resultar limitado cuando se busca fomentar la creatividad y la iniciativa personal, ya que se centra en el cumplimiento más que en la inspiración.

6. Liderazgo Transformacional: Enfocado en inspirar y motivar a los empleados, el liderazgo transformacional impulsa el crecimiento personal y la innovación dentro del equipo. Los líderes transformacionales se enfocan en construir una visión compartida y generar un sentido de propósito, lo que resulta especialmente efectivo en entornos cambiantes y que requieren adaptabilidad.

7. Liderazgo Situacional: El líder situacional tiene la habilidad de adaptar su estilo en función de las necesidades y circunstancias del equipo y el contexto. Esta flexibilidad permite una respuesta eficaz a una variedad de desafíos, aunque requiere un alto nivel de autoconciencia y comprensión de los estilos de liderazgo disponibles.

8. Liderazgo Carismático: Basado en la capacidad del líder para inspirar y motivar a través de su personalidad y visión, este estilo genera lealtad y compromiso en los seguidores. Si bien el carisma puede ser un poderoso motor para el cambio, la dependencia excesiva en la figura del líder puede convertirse en un desafío si no se fomenta la autonomía y el desarrollo de otros líderes dentro del equipo.

9. Liderazgo Natural: Este estilo surge de manera espontánea cuando una persona es reconocida por su capacidad de influir y guiar, incluso sin tener un rol formal de liderazgo. Es el resultado del respeto y la confianza que el individuo genera dentro de un grupo, y puede ser particularmente efectivo en entornos informales o colaborativos.

10. Liderazgo Visionario: El líder visionario es capaz de articular una imagen clara y atractiva del futuro, inspirando a su equipo a trabajar hacia objetivos a largo plazo. Este estilo es especialmente útil en organizaciones que buscan innovación y transformación, ya que proporciona dirección y motivación para superar desafíos y alcanzar nuevas metas.

Es importante destacar que estos estilos no son mutuamente excluyentes. Los líderes más efectivos son aquellos que pueden combinar y adaptar sus enfoques, respondiendo de manera estratégica a las demandas de cada situación y a las necesidades específicas de su equipo. Comprender las ventajas y limitaciones de cada estilo permite a los líderes actuar con mayor consciencia y flexibilidad, logrando un impacto positivo tanto en su organización como en las personas que la integran.

Tu Estilo de Liderazgo:

A continuación, te propongo un quiz de 10 preguntas de opción múltiple para evaluar e identificar tu estilo de liderazgo. Toma nota de tus respuestas:

1. ¿Cómo reaccionas cuando un miembro de tu equipo comete un error?

   a) Le ofreces retroalimentación constructiva para que aprenda.

   b) Lo corriges inmediatamente para evitar que vuelva a cometerlo.

   c) Dejas que el equipo discuta cómo abordarlo.

   d) Buscas comprender las causas y trabajas junto con la persona para resolverlo.

2. ¿Cuál es tu enfoque principal como líder en la gestión de tu equipo?

   a) Desarrollar las habilidades de cada miembro para que se conviertan en líderes.

   b) Lograr que las tareas se completen de manera eficiente y sin errores.

   c) Promover un entorno colaborativo donde todos se sientan valorados.

   d) Guiar al equipo basándote en valores y principios compartidos.

3. Cuando un proyecto enfrenta un desafío importante, tú:

   a) Facilitas una discusión abierta para explorar soluciones.

   b) Tomas decisiones rápidas para mantener el control de la situación.

   c) Incentivas al equipo a proponer soluciones y llegas a un consenso.

d) Te aseguras de que las decisiones estén alineadas con la misión y visión del grupo.

4. ¿Cómo describes tu relación con tu equipo?

    a) Un mentor que les ayuda a crecer y desarrollarse.

    b) Un director que supervisa para asegurar que las tareas se cumplan.

    c) Un facilitador que promueve la cooperación y la cohesión.

    d) Un guía que inspira con el ejemplo y principios claros.

5. En la toma de decisiones, prefieres:

    a) Delegar y dar autonomía a tu equipo para que decidan.

    b) Tomar decisiones rápidas para garantizar la eficiencia.

    c) Consultar con todos y buscar un consenso.

    d) Tomar decisiones basadas en los valores y principios del grupo.

6. Si hay un conflicto en el equipo, tú:

    a) Medias para que todos los involucrados aprendan y crezcan del conflicto.

    b) Tomas el control para resolverlo lo más rápido posible.

    c) Facilitas una discusión para que el equipo lo resuelva en conjunto.

    d) Evalúas si las acciones están en alineación con los valores y principios del grupo.

7. ¿Cómo reconoces el esfuerzo y logros de tu equipo?

    a) Creando oportunidades para que se desarrollen y avancen profesionalmente.

b) Premiando a aquellos que cumplen con las expectativas y resultados.

c) Fomentando el reconocimiento público para que todos se sientan valorados.

d) Destacando cómo sus esfuerzos contribuyen a la misión y visión del grupo.

8. ¿Cómo defines tus objetivos como líder?

   a) Inspirar y empoderar a otros para que alcancen su máximo potencial.

   b) Asegurar que las tareas se realicen de manera eficiente y sin demoras.

   c) Crear un entorno colaborativo y participativo para el equipo.

   d) Guiar al equipo para que sus acciones estén alineadas con un propósito común.

9. ¿Qué haces cuando necesitas introducir un cambio en tu equipo o proyecto?

   a) Comunicas la razón del cambio y motivas al equipo a adaptarse y crecer.

   b) Implementas el cambio de manera directa y clara.

   c) Involucras al equipo en la planificación y decisión sobre el cambio.

   d) Aseguras que el cambio esté alineado con los valores y principios del grupo.

10. ¿Cómo ves tu rol en el éxito de tu equipo?

    a) Como un facilitador de desarrollo y crecimiento personal.

b) Como el responsable de que todo funcione de manera efectiva.

c) Como un moderador que fomenta la colaboración y cohesión del equipo.

d) Como un líder que da dirección y propósito basándose en principios.

Análisis y Evaluación

Después de completar el quiz, puedes identificar tu estilo principal de liderazgo entre estos cuatro tipos:

1. **Liderazgo Transformacional:** Si tu puntuación se inclinó hacia las respuestas "A", tu estilo es transformacional. Este liderazgo se enfoca en inspirar y desarrollar a los demás, ayudándoles a alcanzar su máximo potencial.

2. **Liderazgo Autocrático:** Predominantemente "B" indica un enfoque autocrático, caracterizado por la eficiencia y el control, donde las decisiones se toman rápidamente y sin intermediarios, ideal para situaciones que requieren agilidad.

3. **Liderazgo Participativo o Democrático:** Con una mayoría de respuestas "C", tu estilo tiende a ser participativo o democrático, valorando la colaboración y el consenso en la toma de decisiones.

4. **Liderazgo Consciente :** Si las respuestas "D" fueron las más frecuentes, tu enfoque es el liderazgo consciente, guiado por principios y valores compartidos, y alineado con un propósito claro.

Reflexiones para tu Viaje

Antes de sumergirte en el contenido del libro, te invito a tomarte un momento para reflexionar sobre tu propio camino como líder. Dedica tiempo a escribir tus respuestas a las siguientes preguntas clave:

- ¿Qué espero de este libro?
- ¿Qué quiero lograr después de leerlo?
- ¿Qué tipo de líder quiero ser?

Al responder estas preguntas, sé lo más específico posible, desarrolla tus respuestas tanto como puedas y establece plazos concretos para alcanzar tus objetivos. Define metas a corto plazo para los próximos 3 meses, objetivos a mediano plazo para el próximo año, y aspiraciones a largo plazo para los próximos 3 a 5 años. Este nivel de detalle y temporalidad te ayudará a crear un plan de acción claro y medible para tu desarrollo como líder consciente.

Este ejercicio va más allá de la simple introspección; es una aplicación práctica de la "Intención de Implementación", una técnica psicológica probada para convertir metas en acciones concretas y sostenibles. Al completarlo, estarás preparando el terreno para maximizar tu aprendizaje y transformación en este viaje de liderazgo consciente.

2

La importancia del Liderazgo Consciente

"Si aceptas el llamado al liderazgo, debes estar dispuesto a ser malinterpretado, criticado, enfrentado, acusado e incluso rechazado".
Braque Talley

A mediados de 2023, durante una reunión con mi equipo más cercano, volví a abordar la crítica situación que atravesaba el país. Compartí cómo, en mucho tiempo, no había sentido la economía tan estancada, y cómo la inseguridad en México, junto con las decisiones del gobierno, estaban impactando profundamente a todos los sectores. La situación de nuestra empresa era un reflejo claro de esta realidad, y no dejaba de mencionar todo lo negativo que pasaba por mi mente en cada reunión.

Como fabricantes de cajas de cartón corrugado, nuestra empresa funciona como un termómetro preciso de la economía nacional. Atendemos a una amplia variedad de industrias y clientes que requieren materiales de empaque, por lo que cualquier cambio en la actividad económica se refleja en nuestra operación. Durante la pandemia, todos los fabricantes de cajas de cartón y productos de embalaje experimentamos un crecimiento exponencial, ya que gran parte del consumo mundial se trasladó a las plataformas de comercio electrónico, lo que impulsó la demanda de nuestros productos. Sin embargo, para 2023, esa inercia se había detenido, y la realidad económica cambió drásticamente. El aumento de las tasas de interés, la alta inflación en México y la desaceleración del consumo generaron un panorama económico mucho más complicado.

Después de 13 años consecutivos de crecimiento de doble dígito, nos enfrentábamos a un escenario desconocido: por primera vez, no estábamos ni cerca de igualar los resultados del año anterior. Esto desató en mí una ola de miedo y frustración que nunca antes había experimentado. Sin darme cuenta, cada reunión se convertía en un espacio donde repetía mis preocupaciones, contagiando a mi equipo con la misma negatividad y temor que me invadían.

Fue en ese momento cuando me di cuenta de algo crucial: yo mismo estaba impidiendo que mi equipo alcanzara sus metas y su máximo potencial. Al mostrar continuamente mis preocupaciones y dudas, estaba transmitiendo un mensaje de incertidumbre que afectaba su confianza para salir a vender, buscar nuevos clientes e incluso desempeñar sus funciones con seguridad. Aquel que debía ser la fuente de inspiración y motivación había dejado de ser el líder que todos esperaban.

Al final de esa reunión, después de pasar un largo tiempo reflexionando a solas, me di cuenta de la realidad: yo mismo estaba saboteando el éxito de mi equipo. Con cada palabra de duda que pronunciaba, con cada temor que expresaba, no solo estaba sembrando miedo en quienes confiaban en mí, sino que también estaba minando la confianza y el espíritu de aquellos que miraban hacia mí en busca de dirección. Reconocí que, como líder, estaba fallando en mi deber más fundamental: ser la guía firme y confiable que mi equipo necesitaba.

Un equipo busca en su líder una fuente de resiliencia, fortaleza y dirección en los momentos difíciles. Necesitan a alguien que, ante la tormenta, sea capaz de mantener el rumbo y brindar esperanza. En lugar de asumir este rol, me había dejado arrastrar por un ciclo de negatividad y desesperanza, convencido de que enfrentar la realidad de manera cruda y directa era la mejor forma de actuar. Sin embargo, esta actitud solo perpetuaba un ambiente de miedo y desmotivación, paralizando el potencial de mi equipo.

2.- La importancia del Liderazgo Consciente

Es a partir de esta experiencia que decidí escribir este libro y abordar la profunda importancia del "Liderazgo Consciente". El liderazgo consciente no es simplemente un concepto aplicable al ámbito organizacional; se extiende a nuestras vidas personales y familiares, impactando cómo nos relacionamos con los demás y cómo influimos en su desarrollo. Ser un líder consciente no se limita a la posición que ocupamos, sino que implica ser plenamente conscientes de la influencia que ejercemos en cada interacción y situación.

El Liderazgo Consciente nos enseña a ser más que simples gestores de personas y recursos. Nos impulsa a escuchar activamente, a comunicarnos con empatía y a tomar decisiones que no solo busquen resultados a corto plazo, sino que también dejen un impacto duradero y positivo en quienes nos rodean. Nos permite crear un legado que trasciende nuestras propias aspiraciones y que empodera a otros para que también puedan liderar con autenticidad y propósito.

En un mundo donde el cambio es constante y las crisis son inevitables, ser un líder consciente es lo que marcará la diferencia entre simplemente sobrevivir o prosperar. Es lo que permitirá no solo guiar a otros hacia un futuro mejor, sino también crecer y transformarnos a nosotros mismos en el proceso.

El liderazgo no es solo una habilidad con la que algunos nacen; es una capacidad latente en todos nosotros, esperando ser descubierta y desarrollada. Cada persona tiene un líder interno, aunque no siempre somos conscientes de su existencia. Si bien es cierto que algunos individuos parecen tener una predisposición natural para liderar, es fundamental reconocer que el talento, sin esfuerzo ni desarrollo, se queda en potencial desaprovechado. No basta con poseer habilidades innatas; el verdadero liderazgo surge cuando se cultiva conscientemente y se aplica de manera constante y efectiva.

El liderazgo es una competencia que se construye y perfecciona a lo largo del tiempo. Requiere una constante autoevaluación, aprendizaje continuo y una disposición genuina para mejorar. Cualquiera que se comprometa a desarrollar sus capacidades de liderazgo, sin importar su punto de partida, tiene el potencial de alcanzar resultados extraordinarios. No es cuestión de privilegio o talento innato, sino de perseverancia, autoconocimiento y esfuerzo constante. En este sentido, el liderazgo es accesible para todos, pero solo aquellos que se dedican a perfeccionarlo logran aprovechar al máximo su potencial.

El éxito sin liderazgo es un logro limitado. Cuando carecemos de habilidades de liderazgo, nuestro impacto se restringe a lo que podemos lograr de forma individual. Sin embargo, cuanto mayores son nuestras ambiciones y metas, más necesitamos del liderazgo para convertirlas en realidad. Un gran objetivo exige la capacidad de influir, guiar e inspirar a otros, ya que es a través del liderazgo que se logra transformar una visión personal en una realidad colectiva. El liderazgo no solo nos permite alcanzar nuestras metas, sino que amplifica nuestro impacto al movilizar a otros hacia un propósito común.

Más que una simple herramienta para el éxito, el liderazgo es un multiplicador de nuestras habilidades y una vía para maximizar nuestro impacto. Por esta razón, el desarrollo del liderazgo debe convertirse en una práctica constante, en una forma de vida. Trabajar en el crecimiento de nuestras capacidades como líderes es una disciplina que exige atención y dedicación diaria. Es precisamente aquí donde el concepto de "liderazgo consciente" cobra su verdadera relevancia: ser un líder consciente implica no solo dirigir, sino hacerlo con plena conciencia del impacto que nuestras acciones y decisiones tienen en los demás y en el entorno que nos rodea.

2.- La importancia del Liderazgo Consciente

El liderazgo consciente no se enfoca únicamente en alcanzar objetivos, sino en hacerlo de una manera que inspire a otros a convertirse en la mejor versión de sí mismos. Se trata de ser intencionales en nuestras interacciones, de crear un ambiente donde las personas puedan prosperar y donde el éxito se mida no solo por los logros tangibles, sino por el bienestar y el crecimiento de las personas a las que lideramos. En última instancia, el liderazgo consciente tiene el poder de transformar no solo organizaciones, sino también sociedades, ya que su impacto va más allá de los resultados inmediatos, dejando un legado de transformación y crecimiento duradero.

Enseñanzas de *El Arte de la Guerra*

Uno de los libros más influyentes sobre liderazgo que he leído es *El Arte de la Guerra* de Sun Tzu. En su obra, tiene la visión de que el liderazgo no se trata únicamente de talento o poder, sino de autoconocimiento, desarrollo constante, y una profunda conciencia del impacto que el líder tiene sobre los demás. Su enfoque estratégico y militar resalta la importancia de inspirar y movilizar a otros, no solo para alcanzar objetivos inmediatos, sino para construir un legado duradero y significativo. Aunque nuestras perspectivas provienen de contextos diferentes, hay una clara convergencia en la importancia de liderar con empatía, visión y un compromiso inquebrantable con la mejora continua.

A continuación presento seis puntos en donde mi visión de Liderazgo Consciente coincide con la perspectiva de Sun Tzu sobre liderazgo:

1. El liderazgo como capacidad latente en todos (autoconocimiento y disciplina): Sun Tzu enfatiza que el conocimiento de uno mismo es esencial para ser un buen líder. Su famosa cita: "Conócete a ti mismo y conocerás a tus enemigos. Si conoces a ambos, no necesitas temer el resultado de cien batallas", subraya la importancia del autoconocimiento y la disciplina en el liderazgo. Esta idea refuerza la noción de que el liderazgo no es simplemente una cuestión de habilidades innatas, sino un proceso de desarrollo continuo. Antes de dirigir a otros con éxito, un líder debe tener una comprensión profunda de sí mismo.

2. Desarrollar el liderazgo a través del trabajo consciente (práctica constante): En *El Arte de la Guerra*, Sun Tzu habla sobre la importancia de la preparación y la práctica continua: "Toda batalla se gana antes de ser peleada". Esta idea refleja la necesidad de que el liderazgo sea una práctica consciente y deliberada. Al igual que en la preparación para la batalla, el éxito en el liderazgo depende de la planificación cuidadosa, la autoevaluación y el desarrollo constante. La práctica diaria y la reflexión son los elementos que convierten el potencial de un líder en realidad.

3. El éxito sin liderazgo es limitado (movilización de recursos humanos): Sun Tzu señala que un verdadero líder es capaz de movilizar e inspirar a sus soldados para alcanzar la victoria, afirmando: "La habilidad suprema no es ganar cien batallas, sino someter al enemigo sin luchar". En este sentido, resalta que el liderazgo no solo amplifica el éxito individual, sino que es la fuerza que convierte las metas individuales en logros colectivos. Del mismo modo, el liderazgo consciente implica la capacidad de influir y coordinar los esfuerzos de otros, transformando la visión personal en una realidad compartida.

4. Liderazgo consciente y empatía (impacto y empatía): Sun Tzu destaca la importancia de la empatía y el respeto en el liderazgo, afirmando que un buen general debe tratar a sus soldados con compasión: "Trata a tus soldados como hijos, y te seguirán a los valles más profundos; trátalos como a tus seres queridos, y morirán contigo". Esta visión resuena con el concepto de liderazgo consciente, que implica liderar con empatía y un sentido de responsabilidad hacia quienes se guía. La capacidad de comprender y valorar a los demás es lo que permite a un líder conectar y motivar genuinamente a su equipo.

5. Liderazgo como una práctica diaria (disciplina y mejora continua): La disciplina es otro pilar fundamental del liderazgo según Sun Tzu: "Aquel que gobierna a sus soldados como un padre en su hogar, sin piedad pero con justicia, alcanzará la victoria". Esto refleja que el liderazgo no es un evento puntual, sino una práctica constante y disciplinada que requiere esfuerzo y mejora diaria. El liderazgo consciente también se construye sobre la base de la disciplina, la autoevaluación y la voluntad de crecer, manteniendo un enfoque constante en la mejora y la excelencia.

6. Transformación a través del liderazgo (creación de un legado): Finalmente, Sun Tzu reconoce que el verdadero liderazgo crea un impacto que va más allá de las victorias momentáneas. Para él, "la excelencia suprema consiste en romper la resistencia del enemigo sin luchar", lo que sugiere que un buen líder busca transformar las circunstancias de manera duradera, más allá de ganar batallas. De manera similar, el liderazgo consciente tiene como objetivo crear un legado que perdure y que inspire a otros a liderar con propósito y visión. No se trata solo de alcanzar metas, sino de influir en la transformación de las personas y las organizaciones de manera que se generen cambios significativos y sostenibles.

> **"No sé lo que no sé:** La mayoría de las personas no reconoce el valor del liderazgo. Cree que es privativo de unos pocos que están en la cima de la jerarquía corporativa. No tiene idea de las oportunidades que desaprovecha al no aprender a dirigir. Pude entender este punto cuando el director de una universidad me comentó que solo algunos alumnos se habían matriculado en un curso sobre liderazgo. ¿Por qué? Porque solo algunos se consideraban a si mismos líderes. Si hubieran

sabido que el liderazgo es influencia y que, en el transcurso de cada día, la mayoría de los individuos trata de influir, cuando menos en 4 personas, quizás se les habría despertado el deseo de aprender más sobre el tema. Es lamentable porque una persona no crece mientras no sepa lo que no sabe".[1]

El mundo actual enfrenta desafíos sin precedentes: el cambio climático, las pandemias, los conflictos bélicos, la inteligencia artificial, la escasez de agua, la crisis de la democracia, los derechos humanos, la igualdad de género, y la justicia internacional, por nombrar solo algunos. Sin embargo, la forma en que los líderes actuales abordan estos problemas no ha logrado generar el impacto positivo que la humanidad necesita con urgencia. Seguimos escuchando las mismas promesas de siempre, repetidas una y otra vez por los mismos líderes, cuyas acciones rara vez coinciden con sus palabras.

Es imperativo, entonces, cultivar una nueva cultura de liderazgo consciente, un liderazgo moderno que trascienda las estructuras tradicionales de poder y que involucre a más personas en la construcción de soluciones. Este liderazgo debe ser inclusivo, capaz de escuchar y dar voz a las minorías, y debe empoderar a cada individuo para que genere un cambio significativo en su entorno. Es vital que el liderazgo deje de ser un privilegio reservado solo para quienes detentan poder o influencia, y se convierta en una responsabilidad compartida por todos.

Hoy, más que nunca, necesitamos líderes que combinen la visión transformadora de figuras como Martin Luther King, la compasión de la Madre Teresa de Calcuta, la resistencia pacífica de Mahatma Gandhi, y la determinación de Nelson Mandela. Pero también necesitamos líderes que, como Steve Jobs, Elon Musk, Jeff Bezos y Bill Gates, tengan la capacidad de innovar y llevar al mundo hacia el

---

1 John C. Maxwell. *El ABC del Liderazgo.*

2.- La importancia del Liderazgo Consciente

futuro. No obstante, estos líderes deben ser conscientes de su impacto global y estar comprometidos no solo con el progreso, sino también con la sostenibilidad y la equidad, alineando sus acciones con los principios de un liderazgo moderno y consciente.

Solo para darte una idea de la importancia del liderazgo hoy en día, te doy los siguientes datos:

- En México, el 80% de las empresas carece de líderes y sólo el 8% instrumenta programas de capacitación y entrenamiento directivo en sus equipos de trabajo.[2]

- Solo el 12% de los empleados consideran a sus líderes eficaces en el cumplimiento de los objetivos de negocio.[3]

- "Una encuesta respondida por más de 13,000 personas durante la primera semana de diciembre, realizada por Computrabajo, empresa líder de empleo en Latinoamérica, destacó varios puntos sobre el por qué la mayoría de los colaboradores buscaban un cambio de trabajo. Ante esto, el 43% de los encuestados comentó que, la falta de liderazgo y por ende, la mala cultura empresarial habían generado que éstos buscaran nuevas oportunidades laborales".[4]

- A nivel mundial, solo 11% de los profesionales de Recursos Humanos considera tener candidatos sólidos para ocupar puestos de liderazgo.[5]

---

2 *El 80% de las empresas mexicanas carece de líderes.* Forbes México. https://forbes.com.mx/el-80-de-las-empresas-mexicanas-carece-de-lideres/
3 *Crisis in Leadership Underscores Global Challenges.* World Economic Forum. https://www.weforum.org/press/2014/11/crisis-in-leadership-underscores-global-challenges/
4 *43% de las personas han cambiado de trabajo por un mal liderazgo.* MNI Noticias. https://mninoticias.com/43-de-las-personas-han-cambiado-de-trabajo-por-un-mal-liderazgo-2/
5 *Global Leadership Forecast 2023.* DDI. https://www.ddiworld.com/global-leadership-forecast-2023

Un liderazgo consciente y moderno no es solo una necesidad, sino una urgencia en un mundo que se enfrenta a la posibilidad de transformaciones radicales. El reto no es menor, pero la oportunidad de crear un impacto positivo y duradero está al alcance de nuestras manos si logramos redefinir lo que significa ser un líder en el siglo XXI. Solo a través de un liderazgo renovado y auténtico, podremos superar los desafíos actuales y construir un futuro más justo y sostenible para todos.

Cultivando el Talento

"El liderazgo se basa en la inspiración, no en la dominación; en la cooperación, no en la intimidación".
William Arthur Wood

El liderazgo, hoy más que nunca, es de suma importancia por razones que van más allá de lo funcional y abarcan aspectos esenciales para el éxito y la sostenibilidad en un mundo en constante cambio:

1. Guiar en tiempos de cambio: En un entorno global caracterizado por la volatilidad, la incertidumbre y la complejidad, los líderes conscientes desempeñan un papel fundamental al proporcionar una visión clara y estable. No solo reaccionan a las circunstancias, sino que también anticipan y preparan a sus equipos y organizaciones para los desafíos futuros, fomentando la adaptabilidad y resiliencia. Por ejemplo, imagina una empresa de tecnología que enfrenta una disrupción significativa debido a la aparición de una nueva tecnología. Un líder consciente, como el CEO, anticipa este cambio y adapta la estrategia de la empresa para integrar la nueva tecnología. Implementa un plan de capacitación para que el equipo se familiarice con esta innovación y ajusta las líneas de productos para alinearse con las nuevas demandas del mercado. Gracias a su visión y preparación proactiva, la empresa no solo sobrevive la disrupción, sino que se convierte en un líder en la nueva tecnología.

2. Inspirar y motivar: Los líderes que inspiran a otros y los motivan hacia metas comunes crean un entorno de trabajo basado en el propósito y el compromiso. Al infundir una visión compartida, transforman la energía colectiva en un motor que impulsa tanto el rendimiento individual como el éxito del equipo. Este sentido de propósito fortalece la cohesión y el sentido de pertenencia. Un ejemplo de este tipo de liderazgo es el de un director de una organización sin fines de lucro que trabaja para combatir el cambio climático. Este líder inspira a su equipo al comunicar una visión poderosa de un mundo más sostenible y equitativo. Organiza charlas motivacionales, celebra los logros del equipo y conecta el trabajo diario con el impacto positivo que están logrando en el planeta. Esta conexión motiva al equipo a trabajar con pasión y compromiso, superando obstáculos y alcanzando metas ambiciosas.

3. Desarrollar talento: Un buen líder actúa como mentor, reconociendo y cultivando el potencial de su equipo. Al fomentar un ambiente donde el aprendizaje continuo y el desarrollo profesional son prioridades, los líderes aseguran que cada miembro del equipo tenga la oportunidad de crecer y contribuir significativamente. Esta inversión en el talento no solo mejora el rendimiento actual, sino que también prepara a la organización para el futuro, creando una cantera de líderes emergentes. Por ejemplo, un gerente de proyecto en una empresa de construcción identifica el potencial de un joven ingeniero en su equipo. En lugar de limitarlo a tareas rutinarias, le asigna responsabilidades progresivamente más desafiantes, lo inscribe en programas de capacitación y le ofrece mentoría constante. Con el tiempo, el ingeniero no solo mejora sus habilidades técnicas, sino que también asume roles de liderazgo en nuevos proyectos, contribuyendo al éxito de la empresa y preparándose para futuros roles de liderazgo.

4. Fomentar la innovación: En un mundo donde la innovación es clave para la supervivencia y el crecimiento, los líderes juegan un papel vital al crear un entorno que estimule la creatividad. Fomentan la experimentación, valoran las ideas frescas y apoyan a su equipo en la búsqueda de soluciones innovadoras. Este enfoque no solo mantiene a las organizaciones competitivas, sino que también las posiciona como líderes en sus respectivos sectores. Por ejemplo, un líder de una empresa de software anima a su equipo a dedicar un 20% de su tiempo a proyectos de innovación, independientemente de sus responsabilidades diarias. Esto lleva a la creación de un producto innovador que no estaba en el radar de la empresa, pero que resulta ser un éxito en el mercado. Al fomentar un ambiente donde las ideas frescas son valoradas y la experimentación es alentada, este líder mantiene a la empresa a la vanguardia de la industria tecnológica.

5. Promover la colaboración: Los líderes conscientes entienden que el éxito se logra a través de la colaboración. Facilitan el trabajo conjunto entre individuos y equipos, construyendo relaciones sólidas basadas en la confianza y el respeto mutuo. Al romper los silos y fomentar el trabajo en equipo, estos líderes garantizan que los esfuerzos colectivos se alineen con los objetivos estratégicos, multiplicando el impacto de la organización. Un ejemplo es un director de marketing en una gran empresa multinacional que implementa talleres interdepartamentales donde los equipos de ventas, desarrollo de productos y marketing trabajan juntos para alinear sus objetivos. Este enfoque rompe las barreras tradicionales y mejora la comunicación entre departamentos, lo que resulta en campañas de marketing más efectivas y un aumento en las ventas, creando un ambiente de trabajo más cohesivo y alineado con los objetivos de la empresa.

6. Adaptarse a la diversidad: En un mundo cada vez más globalizado y diverso, los líderes deben ser capaces de comprender y gestionar la diversidad cultural dentro de sus equipos y organizaciones. Promover la inclusión y la equidad no solo es una cuestión de justicia social, sino también una ventaja competitiva. Los líderes que valoran la diversidad logran crear ambientes más ricos en perspectivas, donde la innovación y la creatividad florecen. Imagina un líder en una empresa global que gestiona un equipo multicultural. Reconociendo la importancia de la diversidad, organiza capacitaciones sobre sensibilización cultural y promueve políticas inclusivas que aseguran que todas las voces sean escuchadas. Esto no solo mejora el ambiente de trabajo, sino que permite aprovechar una amplia variedad de perspectivas, resultando en soluciones más creativas y efectivas.

7. Trascendencia en el liderazgo: Un líder verdaderamente trascendente busca dejar una huella duradera y significativa en la vida de las personas y en el mundo en general. No se enfoca solo en los resultados a corto plazo, sino que se esfuerza por crear un legado que inspire y perdure a través de las generaciones. Estos líderes entienden que su impacto va más allá del presente y que sus acciones y decisiones de hoy construirán el mundo de mañana. Un ejemplo es el fundador de una empresa que, además de construir un negocio exitoso, se dedica a causas filantrópicas que impactan positivamente a la comunidad. Establece una fundación que financia becas para estudiantes desfavorecidos y programas de salud en su región. Aunque ya no participa en la gestión diaria de la empresa, su legado perdura a través de la fundación y las vidas que ha mejorado, demostrando un impacto que va más allá de sus logros empresariales inmediatos.

El liderazgo consciente es fundamental no solo para enfrentar los desafíos actuales, sino también para capitalizar las oportunidades emergentes. Al adoptar un enfoque holístico y comprometido, los líderes aseguran no solo el éxito a largo plazo de sus organizaciones, sino también el bienestar y el progreso de las comunidades que sirven. Este tipo de liderazgo es la clave para construir un futuro más justo, equitativo y sostenible para todos.

3

El Poder del Liderazgo Consciente

"La cultura de cualquier organización está determinada por el peor comportamiento que el líder esté dispuesto a tolerar".
Steve Gruenert & Todd Whitaker

La definición más genérica de liderazgo es: un conjunto de habilidades directivas que un individuo tiene para influir en la forma de ser o actuar de las personas o en un grupo determinado, inspirando, guiando y logrando que este equipo trabaje con entusiasmo hacia el éxito organizacional.

Sin embargo, el liderazgo de hoy va mucho más allá de estas definiciones tradicionales; necesita ser consciente. Este tipo de liderazgo no es simplemente un conjunto de habilidades o prácticas, sino un enfoque de vida que requiere adaptabilidad y dinamismo. Un líder consciente sabe cuándo ser activo, incluyente y directo para guiar a su equipo, y cuándo adoptar un papel más pasivo, permitiendo que los miembros del equipo tomen la iniciativa y desplieguen sus talentos sin interferencias innecesarias.

El liderazgo consciente es, en esencia, un proceso mediante el cual una persona no solo influye y motiva a otros para alcanzar objetivos organizacionales o comunitarios, sino que también crea un entorno donde se fomenta el aprendizaje continuo, la innovación, la colaboración efectiva, la participación y el desarrollo personal y profesional. Un líder consciente no se limita a dirigir; va más allá al inspirar, influir y empoderar a los miembros de su equipo para que también se conviertan en líderes. Este tipo de liderazgo cultiva un sentido compartido de propósito y compromiso hacia metas comunes, estableciendo una base sólida para el éxito colectivo.

En un entorno actual caracterizado por cambios rápidos y complejos, el liderazgo consciente requiere una constante adaptabilidad. Esto significa no solo promover la innovación y la disrupción positiva, sino también asegurar que la inclusión y la responsabilidad ética estén presentes en todas las decisiones e interacciones. Un líder consciente toma decisiones que son tanto estratégicas como humanitarias, comprendiendo que cada acción tiene un impacto que va más allá de la organización y que afecta a las personas y al entorno.

En esencia, el liderazgo consciente se define por su capacidad de generar un impacto positivo y sostenible en las personas y las organizaciones que lidera. No se trata únicamente de contribuir al éxito individual, sino de asegurar el progreso y bienestar colectivos, reflejando en cada decisión un compromiso con un propósito más amplio. Este enfoque transforma la manera en que lideramos, estableciendo un nuevo estándar de liderazgo que es a la vez efectivo y ético, inspirador y pragmático.

El liderazgo consciente representa un cambio de paradigma respecto a los modelos tradicionales de autoridad y poder. Es un despertar del potencial propio para liderar con propósito, empatía y atención plena. En el entorno empresarial de rápida evolución de hoy en día, los líderes conscientes actúan como catalizadores esenciales de la innovación y la transformación, especialmente en áreas como las ventas. Al cultivar un ambiente que fomenta la creatividad, la colaboración y la autenticidad, estos líderes inspiran a sus equipos a alcanzar nuevas alturas mientras construyen conexiones profundas y genuinas con los clientes. Su inquebrantable compromiso con el crecimiento personal y el liderazgo de servicio les permite desbloquear potenciales ocultos, desafiar el pensamiento convencional y allanar el camino hacia un éxito exponencial.

El liderazgo consciente puede aplicarse en distintos contextos, ya sea en empresas, organizaciones o incluso en el entorno familiar, siguiendo ciertos principios, procesos y estrategias. A continuación, se presentan algunas formas de implementar el liderazgo consciente en estos entornos:

> *"La dirección consiste en persuadir a las personas para que hagan cosas que no quieren hacer, mientras que el liderazgo consiste en inspirar a las personas para que hagan cosas que nunca pensaron que podrían hacer".*
> **Steve Jobs**

Una de las tareas más desafiantes para cualquier líder es la autoevaluación, pero resulta fundamental para el desarrollo del liderazgo consciente. Si no eres capaz de guiarte a ti mismo, será mucho más difícil guiar a los demás de manera efectiva. Para ayudarte en este proceso, te invito a reflexionar sobre tu propio liderazgo respondiendo de manera objetiva y honesta a las siguientes preguntas propuestas por la Dra. Susan David, reconocida investigadora y experta en autoobservación y gestión emocional. Estas preguntas te ayudarán a obtener una mayor claridad sobre tu comportamiento y su impacto en los demás.

- ¿Es mi comportamiento razonablemente coherente de una situación a otra?
- ¿Qué observaría si me viera a mí mismo?
- ¿Qué quiero que las personas observen cuando me ven interactuar con los demás?[6]

---

6 *3 Questions to Ask Yourself as a Leader*. https://www.susandavid.com/resource/3-questions-to-ask-yourself-as-a-leader/

Recuerda anotar tus respuestas y, a medida que avances en este libro, vuelve a estas preguntas para reflexionar nuevamente.

Liderazgo Consciente en la Empresa

A continuación, exploraremos algunas formas clave en que el liderazgo consciente puede implementarse en el ámbito empresarial:

1. Desarrollo Personal del Liderazgo: El desarrollo del liderazgo consciente comienza con un profundo proceso de autoconocimiento y gestión emocional. Los líderes necesitan entender sus propias fortalezas, debilidades, valores y emociones para liderar de manera auténtica y efectiva. Al conocerse mejor a sí mismos, los líderes pueden ser más coherentes y transparentes, lo que les permite inspirar y empoderar a sus equipos de una manera genuina. Por ejemplo, un líder que reconoce su tendencia a evitar el conflicto puede trabajar activamente en enfrentar situaciones difíciles con mayor apertura y honestidad, generando un ambiente de confianza y respeto. Este proceso no solo mejora la capacidad del líder, sino que también fomenta un entorno donde los miembros del equipo se sienten seguros para crecer, asumir desafíos y desarrollar sus propias habilidades de liderazgo, creando un equipo más sólido y cohesionado.

2. Motivación de los Equipos: La motivación efectiva de un equipo va más allá de ofrecer simples incentivos; implica crear un entorno donde cada miembro se sienta valorado, escuchado y comprometido con los objetivos de la organización. Los líderes conscientes se esfuerzan por construir un ambiente de trabajo que promueva el bienestar, la participación activa y la conexión con el propósito de la empresa. Por ejemplo, un líder que establece reuniones regulares para escuchar las opiniones de su equipo y discutir ideas abiertamente puede aumentar significativamente el sentido de pertenencia y compromiso de cada miembro, ya que sienten que su contribución es importante y que su trabajo tiene un impacto real. Reconocer públicamente los logros individuales y colectivos también refuerza la motivación intrínseca, impulsando a los empleados a ir más allá de lo esperado y a contribuir plenamente al éxito de la organización.

3. Empoderamiento de los Colaboradores: El empoderamiento de los empleados es fundamental para desarrollar un equipo que sea proactivo, autónomo y capaz de afrontar retos de forma independiente. Los líderes conscientes identifican y cultivan las habilidades y fortalezas de cada colaborador, ofreciéndoles oportunidades para crecer y asumir nuevos desafíos. Por ejemplo, un líder que delega la gestión de un proyecto importante a un empleado que tiene talento pero poca experiencia, no solo demuestra confianza en sus capacidades, sino que también le brinda la oportunidad de desarrollar nuevas competencias y demostrar su potencial. Este tipo de empoderamiento contribuye a aumentar la satisfacción laboral del empleado y fomenta un sentido de responsabilidad, fortaleciendo al equipo en su conjunto y preparando a la organización para el futuro, con una reserva de talento interno lista para asumir mayores responsabilidades.

4. Cultura de Liderazgo: Fomentar una cultura de liderazgo consciente implica comprender profundamente a cada miembro del equipo, incluyendo sus personalidades, habilidades, emociones y perspectivas. Los líderes conscientes promueven un ambiente donde la toma de decisiones se basa en la apertura, la curiosidad y la disposición para aceptar lo disruptivo como una oportunidad para innovar. Por ejemplo, en una empresa tecnológica, un líder consciente podría implementar un sistema en el que las ideas disruptivas sean bienvenidas y se consideren seriamente, independientemente de su procedencia dentro de la organización. Esto no solo fomenta la innovación, sino que también crea un entorno donde los empleados se sienten seguros para expresar ideas y tomar riesgos, sabiendo que sus contribuciones son valoradas y pueden conducir a cambios significativos.

5. La Influencia en los Equipos: La influencia es un componente esencial del liderazgo consciente, ya que un buen líder no solo se enfoca en sus propias acciones, sino en cómo éstas inspiran y movilizan a los demás. La verdadera influencia no viene del poder o de la autoridad, sino de la confianza y el respeto que el líder ha construido con su equipo. Un líder consciente utiliza la influencia para crear un impacto positivo, alentando la colaboración y el compromiso de los empleados. Cuando un líder escucha activamente a su equipo y toma en cuenta sus sugerencias, refuerza la confianza, lo que genera una influencia natural que no necesita ser impuesta. Esto facilita que el equipo adopte una actitud proactiva, alineada con la visión y los objetivos compartidos, permitiendo que la motivación y la responsabilidad surjan de manera orgánica.

6. La Visión del Líder: Una visión clara es fundamental para cualquier líder que desee guiar a su equipo hacia el éxito. El liderazgo consciente implica la capacidad de establecer una visión compartida que inspire y motive a los demás. Esta visión no solo define los objetivos de la organización, sino que también brinda un sentido de propósito y dirección a largo plazo. Un líder que comunica su visión de manera clara y consistente proporciona a su equipo una brújula que ayuda a cada miembro a entender cómo sus esfuerzos individuales contribuyen al panorama general. Por ejemplo, un líder que articula una visión ambiciosa para el crecimiento y la innovación no solo motiva a su equipo, sino que también le proporciona una hoja de ruta que guiará sus decisiones diarias. Esta visión compartida se convierte en el motor que impulsa a todo el equipo hacia la excelencia.

7. La Disciplina: La disciplina es uno de los pilares del liderazgo consciente, asegurando que tanto el líder como el equipo mantengan un enfoque estructurado para alcanzar sus metas. En el contexto del liderazgo consciente, la disciplina no implica imponer reglas de manera rígida, sino crear un marco de referencia que guíe el comportamiento y las expectativas de cada miembro del equipo. La disciplina establece una base sólida para la creatividad y la innovación, ya que proporciona la estructura necesaria para que los procesos se desarrollen de manera eficiente y se minimicen errores.

Por ejemplo, en un equipo de desarrollo de software, el seguimiento de protocolos estrictos durante la revisión del código no solo garantiza la calidad del producto final, sino que también establece un estándar compartido que promueve la colaboración y la excelencia. Además, la disciplina fomenta la responsabilidad individual y colectiva, fortaleciendo la confianza dentro del equipo. Cuando un líder demuestra disciplina en su trabajo diario — respetando plazos, cumpliendo compromisos y manteniendo la organización—, establece un modelo de comportamiento que los demás miembros tienden a seguir. Esto genera un entorno más eficiente y refuerza el respeto y la autodisciplina en cada miembro, consolidando la cultura de responsabilidad y compromiso.

Una lección clave que he aprendido a lo largo de mi carrera profesional es que las organizaciones gestionadas exclusivamente por las personas tienden al fracaso. Esto ocurre porque la intervención de múltiples individuos con enfoques y formas de pensar distintas puede conducir al caos y la falta de dirección. La forma más eficaz de gestionar una organización es mediante la implementación de procesos sólidos y bien estructurados, que a su vez sean administrados por personas. De esta manera, se garantiza un marco de orden y coherencia en el actuar de cada individuo, permitiendo que la empresa avance hacia sus objetivos de manera consistente.

Es en este punto donde la disciplina adquiere una importancia fundamental para el líder consciente. La disciplina no solo asegura que los procesos se sigan rigurosamente, sino que también establece una guía clara para alinear los esfuerzos individuales con los objetivos organizacionales. Al ser disciplinado, un líder crea un entorno donde la estructura y la creatividad pueden coexistir, facilitando el éxito a largo plazo. Esta disciplina permite a los líderes traducir su visión en acciones concretas, manteniendo al equipo enfocado, mientras se promueve un equilibrio entre la innovación y la consistencia.

Estos enfoques, basados en la estructura y la disciplina, no solo permiten a los líderes desempeñar su rol de manera más efectiva, sino que también transforman la dinámica del equipo y la cultura organizacional. Se crea un entorno donde la excelencia, la responsabilidad y la innovación tienen la oportunidad de florecer, impulsando a la organización hacia un crecimiento sostenible y exitoso.

La diversidad en los equipos de liderazgo impulsa un ambiente donde la innovación y el rendimiento prosperan naturalmente. Según un estudio de BCG, las empresas con equipos de liderazgo diversos generan un 45% de sus ingresos a partir de productos innovadores, frente al 26% en empresas con menos diversidad. Esto demuestra que los líderes que integran diferentes perspectivas y estilos promueven un enfoque único y dinámico para resolver desafíos. Este tipo de liderazgo, que une disciplina, estructura y diversidad, permite traducir la visión en acciones concretas y facilita un entorno equilibrado entre consistencia e innovación, conduciendo a la organización hacia un crecimiento sostenible y exitoso.[7]

---

[7] *The Real Reason Diversity Is Lacking at the Top*. Boston Consulting Group. https://www.bcg.com/publications/2020/why-is-diversity-lacking-at-top-of-corporations

Liderazgo Consciente en la Familia

El liderazgo consciente no se limita al entorno profesional; también tiene un papel fundamental en el ámbito familiar. Al aplicar los principios de un liderazgo que promueve la empatía, el respeto y la comunicación abierta, los líderes dentro de la familia pueden crear un entorno que fomente el crecimiento personal, la cooperación y la conexión entre todos sus miembros.

1. Comunicación Abierta: Los líderes conscientes en el ámbito familiar fomentan una comunicación que sea honesta y abierta, creando un espacio donde todos los miembros se sientan cómodos para expresar sus pensamientos, emociones y preocupaciones sin temor al juicio. Este tipo de comunicación es fundamental para construir un ambiente de confianza y respeto mutuo. Por ejemplo, un padre que organiza reuniones familiares semanales para hablar sobre los desafíos y logros de cada miembro crea un espacio donde todos se sienten escuchados y valorados. Esta práctica no solo fortalece los lazos familiares, sino que también facilita la resolución de conflictos y previene malentendidos al permitir que los problemas se aborden de manera abierta y constructiva.

2. Empoderamiento de los Miembros: Un líder consciente en la familia busca fomentar el crecimiento y el desarrollo de cada miembro, reconociendo sus habilidades, intereses y personalidades únicas. Esto implica brindar oportunidades para aprender y desarrollarse, así como celebrar y reconocer los logros individuales, evitando comparaciones que puedan ser perjudiciales. Por ejemplo, si un hijo muestra interés en la música, un líder familiar consciente puede apoyar esa pasión al inscribirlo en clases y asistir a sus recitales. Este tipo de apoyo refuerza la autoestima del hijo y le proporciona un entorno donde puede explorar y desarrollar sus talentos en un área que le apasiona, fortaleciendo su confianza y sentido de identidad.

3. Respeto y Comprensión: Mostrar respeto y comprensión hacia las necesidades, sentimientos y perspectivas de cada miembro de la familia es esencial para crear un ambiente de armonía y cooperación. Un líder consciente se esfuerza por comprender profundamente las emociones y experiencias de los demás, y responde de manera que fomente el bienestar de la familia en su conjunto. Por ejemplo, cuando un adolescente se siente abrumado por las presiones escolares, un padre que practica el respeto y la comprensión podría ofrecer apoyo emocional y ayudar a encontrar soluciones, como ajustar las expectativas o buscar ayuda externa, en lugar de simplemente exigir mejores resultados.

4. Modelo de Conducta: Los líderes conscientes en la familia actúan como modelos de conducta positiva, demostrando con sus acciones los valores que desean transmitir. Esto implica vivir de acuerdo con principios como la honestidad, la responsabilidad y la empatía, y mostrar un compromiso genuino con el bienestar de la familia. Por ejemplo, un padre que predica la importancia de la honestidad y, al mismo tiempo, asume y reconoce sus propios errores frente a sus hijos, está mostrando congruencia y enseñando a través del ejemplo. Esta coherencia en la conducta refuerza los valores familiares y facilita su transmisión a las siguientes generaciones, estableciendo un entorno donde los principios compartidos se convierten en la base de las relaciones familiares.

El liderazgo consciente encuentra su aplicación en múltiples contextos, ya sea en el mundo empresarial, organizacional o en el entorno familiar. Al seguir principios como el desarrollo personal, la motivación, el empoderamiento de los miembros, la comunicación abierta, el respeto y la comprensión, y al ser un modelo de conducta positiva, los líderes pueden construir entornos más seguros, armoniosos y resilientes. Estos enfoques no solo mejoran el funcionamiento del grupo, sino que también fortalecen las relaciones y promueven un crecimiento sostenible y significativo para todos los involucrados.

Uno de los momentos más difíciles de mi vida ocurrió cuando mi madre enfermó gravemente. Nuestra familia se enfrentó a una decisión compleja sobre cómo manejar la información relacionada con su salud, y surgieron diferencias de opinión. Mis hermanas, mi padre y yo teníamos perspectivas distintas sobre cómo cuidar de ella. Ellos creían que limitando algunos detalles sobre su diagnóstico podríamos proteger su estado de ánimo y mantener su esperanza. Yo, en cambio, pensaba que mi madre tenía el derecho de conocer la verdad completa sobre su condición.

Para mí, la transparencia era esencial. Sentía que, sin una comprensión clara de su situación, cualquier decisión que mi madre tomara podría no reflejar realmente lo que ella deseaba. Pensaba que necesitaba saber todo lo que estaba ocurriendo para tomar decisiones con toda la información posible.

Un día, mientras la llevaba al médico para una revisión importante, noté cuánto la había afectado la enfermedad, tanto física como emocionalmente. Fue entonces cuando, a pesar de la postura de mi familia, decidí hablar con ella de manera honesta y empática. Me senté a su lado y, con todo el cariño y respeto que pude, le expliqué el diagnóstico, el avance de la enfermedad y sus posibilidades de recuperación. Sabía que era una conversación difícil y que era posible que ella no quisiera escuchar algunos de esos detalles, pero también creía que era justo darle la oportunidad de decidir qué hacer con la realidad frente a ella.

Recuerdo que, después de esa conversación, mi madre tomó algunas decisiones distintas. En lugar de seguir con el plan de acudir a cada revisión, prefirió que el médico la visitara en casa y comenzó a tomar el control de los aspectos de su vida que aún podía decidir. Me sorprendió ver cómo esa información le dio un sentido de claridad y la ayudó a planificar el tiempo que le quedaba de una manera que se sentía más alineada con lo que ella realmente quería.

Mis hermanas y mi padre actuaron siempre desde el amor y la mejor de las intenciones. Nadie tenía una postura "correcta" o "incorrecta". Nos movíamos en un terreno de incertidumbre, intentando hacer lo que cada uno creía mejor para ella. A lo largo de esta experiencia, me di cuenta de que, para mí, ser honesto con mi madre era la forma de respetar su autonomía y dignidad, permitiéndole tomar decisiones informadas sobre su vida. Sin embargo, entendí que mis seres queridos también estaban haciendo lo que sentían que era mejor, aunque fuera desde una perspectiva diferente.

Esta experiencia fue un claro ejemplo para mí de lo que significa el liderazgo consciente: actuar con transparencia y respeto, aun cuando eso signifique afrontar realidades difíciles. No se trata de imponer una verdad, sino de ofrecer la información de manera que los demás puedan decidir cómo vivir sus propias vidas. Como líder, ya sea en la familia o en otros contextos, enfrentarse a la realidad y permitir que otros lo hagan con dignidad y autonomía es un acto de verdadero respeto.

Este enfoque no es solo relevante en el ámbito familiar. En cualquier situación de liderazgo, nos encontramos ante decisiones difíciles y momentos de incertidumbre. Aceptar la realidad, respetar la autonomía de quienes nos rodean y confiar en su capacidad para tomar decisiones informadas nos permite construir relaciones de liderazgo basadas en la libertad y en el compromiso de vivir auténticamente, tanto para nosotros mismos como para aquellos que nos acompañan.

4

Revelando el Liderazgo Auténtico

"El liderazgo es la capacidad de traducir la visión en realidad".
Warren Bennis

Construyendo Confianza e Impulsando la Transformación

Aunque el desarrollo de una gama sólida de habilidades técnicas es indispensable para que un liderazgo sea efectivo, considero que existen cuatro cualidades que son intransferibles y únicas en cada líder. Estas cualidades no pueden ser replicadas por otros de la misma forma porque se nutren de la experiencia personal, el carácter y la visión individual:

a) **Autenticidad**

b) **Asertividad**

c) **Pasión**

d) **Resiliencia**

Una de mis grandes pasiones es el rock, particularmente el de los setentas y ochentas, y en mis bandas favoritas veo reflejadas estas cuatro cualidades de manera clara. Cada una tiene un estilo único, lo que muestra su autenticidad; son asertivas porque logran conectar profundamente con su público; la pasión que transmiten es tan fuerte que es fácil sentir la piel de gallina cuando las escuchas, y su resiliencia queda demostrada al superar numerosos desafíos en su carrera: desde críticas en los medios, hasta lidiar con conciertos vacíos y la insatisfacción de algunos fans. Estas cualidades son esenciales para que una banda o artista perdure y destaque en la industria, y lo mismo se puede aplicar al liderazgo. A lo largo de los años, he comprobado que estas características pueden encontrarse en muchos líderes y en diferentes ámbitos, incluso fuera de mi campo de interés habitual.

Freddie Mercury encarna, con su autenticidad, asertividad, pasión y resiliencia, la esencia misma del liderazgo auténtico. Durante el histórico concierto de Live Aid en 1985, se plantó ante más de 72,000 personas en el estadio de Wembley y se entregó a una audiencia que respondía a cada nota y gesto suyo con entusiasmo. Su famoso "Eeeoo" se convirtió en un juego vocal con el público, un momento de conexión tan poderoso que, aún décadas después, se considera uno de los puntos álgidos de la historia del rock. Esa actuación consolidó a Queen como una de las bandas más icónicas de todos los tiempos. El liderazgo de Freddie desde el escenario nos demuestra que, en cualquier ámbito, conectar con el propósito, la autenticidad y la pasión puede hacer que un líder inspire a quienes le rodean.

La Autenticidad en el Liderazgo

De todas las cualidades que puede tener un líder, la autenticidad es una de las más importantes. Es lo que permite construir relaciones genuinas y ganarse la confianza de los demás. Ser auténtico no se trata solo de ser fiel a los propios valores, sino de mostrarse tal como uno es, sin máscaras ni pretensiones. Un líder auténtico se comunica de manera clara, expresa sus pensamientos y emociones con transparencia, y, lo más importante, escucha y se preocupa sinceramente por las personas con las que trabaja. No es necesario ser perfecto, sino ser honesto con las propias limitaciones y estar dispuesto a reconocer los errores. Esta apertura refuerza los lazos con el equipo y genera un respeto mutuo.

Además, ser auténtico implica mantenerse fiel a la visión del líder y comprometerse de manera constante con ella. Este tipo de autenticidad inspira a los demás porque les demuestra que el líder no solo habla de sus metas, sino que vive de acuerdo con ellas. Un equipo que ve coherencia entre las palabras y las acciones de su líder se siente más inclinado a seguirlo y a trabajar hacia un propósito compartido. La autenticidad se convierte, entonces, en la base sobre la que se construye la confianza dentro del equipo.

Transmitir una visión de manera auténtica no es algo que se hace una sola vez; es un esfuerzo continuo que requiere coherencia en lo que se dice y lo que se hace. Para que esta visión sea inspiradora, debe ser clara y conectarse con las personas, de modo que todos entiendan hacia dónde van y por qué es importante. Un líder auténtico no solo comparte su visión, sino que la encarna, demostrando con sus actos que está comprometido con lo que cree. Esto genera un ambiente de confianza donde el equipo se siente motivado a trabajar en la misma dirección, sabiendo que están respaldados por un líder que predica con el ejemplo.

Ejemplo 1:
El hijo del dueño que intenta imponer su estilo

Imagina una empresa familiar que ha sido dirigida con éxito durante décadas por su fundador, una persona conocida por su enfoque transparente y respetuoso. Este líder construyó la compañía desde cero, basándose en el esfuerzo constante, la honestidad y un profundo respeto por sus empleados y clientes. Lo que realmente lo distinguía no era solo su capacidad para tomar decisiones acertadas, sino la manera en que involucraba a su equipo en esas decisiones. Se tomaba el tiempo para conocer a cada empleado, escuchaba sus opiniones y se preocupaba genuinamente por su bienestar. Por ejemplo, en épocas difíciles, nunca dudaba en compartir abiertamente con el equipo la situación de la empresa, solicitando ideas y proponiendo soluciones colectivas en lugar de imponer medidas de manera unilateral. Esta cercanía y apertura generaban una relación de confianza que motivaba a los empleados a dar lo mejor de sí mismos.

Su forma de liderar también se reflejaba en la manera en que manejaba las relaciones con los clientes. Siempre fue franco acerca de lo que la empresa podía y no podía ofrecer, lo que, lejos de generar desconfianza, consolidaba la lealtad de los clientes, quienes apreciaban su integridad. Esta coherencia entre lo que decía y lo que hacía era la verdadera base de su éxito. El respeto que se había ganado no provenía de su posición como jefe, sino de su compromiso constante con los valores que defendía y del esfuerzo que ponía en construir relaciones sólidas y de largo plazo.

Con el tiempo, llega el momento en que su hijo, recién graduado de la universidad, se une a la empresa con la intención de continuar el legado familiar. Sin embargo, en lugar de seguir el ejemplo de su padre y ganarse el respeto del equipo a través de acciones que demostraran su propio liderazgo, el hijo asume que su rol de heredero le otorga automáticamente autoridad y reconocimiento. A diferencia de su padre, quien siempre había mostrado una disposición a escuchar y aprender de quienes lo rodeaban, el hijo llega con la idea de que su posición le exime de tener que demostrar sus habilidades. No siente la necesidad de comprender las dinámicas internas ni de aprender de los empleados que llevan años trabajando en la empresa.

Aunque intenta replicar algunas de las acciones de su padre, lo hace de manera superficial. Por ejemplo, en lugar de involucrar a su equipo en las decisiones importantes, como hacía su padre, simplemente les informa de los cambios que quiere implementar, sin tener en cuenta sus opiniones ni su experiencia. Esta actitud comienza a generar fricciones en el equipo, que hasta entonces se había acostumbrado a un estilo de liderazgo participativo y colaborativo. Los empleados, que siempre habían tenido voz en la toma de decisiones, ahora se sienten ignorados y desplazados. El hijo parece creer que el respeto se hereda, cuando en realidad es algo que se gana con acciones consistentes y genuinas.

La desconexión entre el hijo y el equipo empieza a erosionar la cultura organizacional que su padre había construido. La comunicación, que antes fluía de manera abierta y transparente, se vuelve tensa y limitada. Los empleados, que se habían sentido valorados por sus aportes, ahora perciben que sus opiniones ya no importan. Esta falta de reconocimiento y de conexión con el equipo provoca una disminución en la motivación y el compromiso. La falta de diálogo y de participación comienza a afectar la productividad, y los empleados empiezan a buscar oportunidades fuera de la empresa, desilusionados por el cambio en el estilo de liderazgo.

Incluso los clientes, que durante años habían sido leales a la empresa gracias a la integridad del fundador, empiezan a notar un cambio en la manera en que se gestionan las relaciones comerciales. Ya no se sienten escuchados ni valorados, y esto los lleva a reconsiderar su fidelidad. En lugar de crear un ambiente de respeto y confianza, el hijo genera una atmósfera de autoridad distante y poco colaborativa, que termina impactando no solo en la moral del equipo, sino también en la lealtad de los clientes.

El impacto del nuevo estilo de liderazgo es evidente. La cultura de confianza y colaboración que había sido la piedra angular del éxito de la empresa se desvanece, y en su lugar surge un ambiente de desmotivación y desconfianza. En cuestión de meses, la productividad disminuye, la rotación de personal aumenta, y los clientes comienzan a buscar otras alternativas. El liderazgo del hijo, basado en la imposición en lugar de la cercanía y el respeto, se convierte en un obstáculo que amenaza con desmoronar todo lo que su padre había construido.

Ejemplo 2:
El Amigo del dueño en un puesto de poder

Imagina una situación en la que el dueño de una empresa decide colocar a un amigo cercano en un puesto de alta dirección. Este amigo, que no cuenta con la experiencia ni la preparación adecuada para asumir un rol de tal responsabilidad, es nombrado no por sus méritos profesionales, sino debido a la relación personal que tiene con el dueño. Desde el primer día, el nuevo director actúa como si su cercanía con el dueño le diera una autoridad incuestionable sobre los demás, sin sentir la necesidad de demostrar su capacidad para liderar.

A diferencia de otros líderes que han trabajado duro para ganarse el respeto de sus colegas y equipos, este nuevo director adopta un comportamiento autoritario y distante. En lugar de escuchar y aprender de los empleados con más experiencia, confía únicamente en su relación con el dueño para tomar decisiones. Utiliza esta cercanía como una carta de poder, imponiendo su voluntad sin considerar las opiniones o las preocupaciones de quienes forman parte del equipo. Se rodea de personas que le adulan, creando un círculo cerrado de confianza que alimenta su ego, mientras ignora a aquellos que podrían ofrecerle retroalimentación valiosa o señalar los errores en su enfoque.

Este tipo de comportamiento va en contra de los pilares básicos de un liderazgo eficaz, como la humildad, la capacidad de escuchar y la apertura a las ideas ajenas. La falta de ética en su actuar es evidente: toma decisiones arbitrarias, favoreciendo a sus allegados y desestimando a quienes han trabajado durante años por el éxito de la empresa. Los empleados, al notar la falta de merecimiento del nuevo director, empiezan a cuestionar no solo sus decisiones, sino también la legitimidad de su liderazgo. Aquello que debería inspirar confianza se convierte en fuente de frustración.

A medida que los días pasan, la moral del equipo comienza a desmoronarse. Los empleados se sienten ignorados, subestimados y explotados, lo que genera un ambiente de resentimiento y desmotivación. Las ideas frescas y las críticas constructivas desaparecen porque nadie se siente escuchado o valorado. Aquellos que han sido leales a la empresa durante años se sienten alienados, lo que lleva a una salida gradual pero sostenida de talento valioso. La empresa empieza a perder a sus mejores empleados, quienes deciden buscar mejores oportunidades en lugares donde su experiencia y aportes sean apreciados.

El impacto de este abuso de poder no se limita al ambiente interno de la empresa; también comienza a afectar su reputación externa. Los clientes y socios comerciales, que habían apreciado la estabilidad y profesionalismo de la organización, comienzan a notar un cambio en la cultura corporativa. La toma de decisiones basada en la arrogancia y la falta de experiencia provoca errores estratégicos que empiezan a tener consecuencias visibles. Las relaciones con los clientes se debilitan, los socios comerciales pierden confianza en la seriedad de la empresa, y la organización comienza a perder oportunidades clave en el mercado.

La combinación de la pérdida de talento, la mala toma de decisiones y la afectación de la percepción externa sitúa a la empresa en una posición vulnerable. Lo que antes era una empresa sólida, reconocida por su cultura laboral positiva y su liderazgo fuerte, se ve ahora como una organización desorganizada y volátil, todo debido a la falta de liderazgo genuino por parte de una persona que fue puesta en un rol por razones equivocadas.

Estos ejemplos muestran claramente cómo la falta de integridad y humildad en el liderazgo puede causar estragos en una empresa. Liderar no se trata de ostentar un título o de aprovechar relaciones personales para ejercer poder, sino de ser genuino en las acciones —de aquí la importancia y responsabilidad de preparar bien a nuestro sucesor—, actuar con ética y respetar a quienes te rodean. Un líder auténtico no impone su autoridad, sino que la construye a través de su ejemplo, de su capacidad para conectar sinceramente con su equipo y de su compromiso con los valores que defiende. Cuando falta esta sinceridad, no solo se compromete la cohesión del equipo, sino también el futuro y la sostenibilidad de la organización.

"Ser fuerte, pero no grosero; Ser amable, pero no débil; Ser audaz, pero no abusivo; Ser reflexivo, pero no perezoso; Ser humilde, pero no tímido; Ser orgulloso, pero no arrogante; Tener humor, pero sin necedad".
Jim Rohn

La autenticidad de un líder está profundamente conectada con su honestidad, ética y valores. Un líder genuino no teme mostrar su verdadero yo, incluyendo sus vulnerabilidades, lo cual humaniza su liderazgo y fortalece las relaciones dentro del equipo. Este tipo de

4.- Revelando el Liderazgo Auténtico

liderazgo no busca manipular ni imponer, sino actuar con integridad en todo momento, tomando decisiones que reflejan los principios más profundos del líder. La ética y los valores del líder se convierten en una brújula que guía no solo sus acciones, sino también las del equipo, estableciendo un estándar de comportamiento que fomenta la confianza y el respeto mutuo.

Además, un líder auténtico entiende que su rol va más allá de dirigir; es su responsabilidad empoderar a su equipo. Empoderar no significa simplemente delegar tareas, sino inspirar y capacitar a cada miembro para que alcance su máximo potencial. Este tipo de liderazgo reconoce que un equipo verdaderamente fuerte es aquel en el que cada persona se siente valorada y escuchada, con la capacidad de contribuir de manera significativa. Esto solo ocurre en un entorno donde la confianza y la colaboración son la norma, no la excepción.

Crear una cultura de confianza y colaboración es, por tanto, uno de los mayores legados que un líder auténtico puede dejar. En una cultura así, la transparencia es la base de todas las interacciones. Los miembros del equipo se sienten seguros para compartir ideas, expresar preocupaciones y asumir riesgos sin temor a represalias. La colaboración florece cuando las personas se ven parte de algo más grande que ellas mismas, entendiendo que su éxito individual está estrechamente ligado al éxito del equipo y la organización.

La autenticidad está en el corazón del liderazgo consciente. Cuando los líderes abrazan sus valores, fortalezas y vulnerabilidades, crean un entorno donde la confianza y la transparencia permiten el empoderamiento de todos. Estos líderes actúan con coherencia, alineando sus palabras con sus acciones, y no temen admitir errores o mostrar vulnerabilidad, ya que comprenden que la autenticidad genera vínculos genuinos y cultiva una cultura de aceptación y crecimiento. En áreas como las ventas, este tipo de líderes se convierte en una fuente de inspiración, promoviendo en sus equipos un sentido compartido de propósito y una mentalidad innovadora. Al crear un ambiente donde se valoran las perspectivas diversas y se aprovechan las fortalezas individuales, los líderes auténticos allanan el camino hacia la innovación y la transformación.

El Ambiente como Reflejo de la Autenticidad

"La cultura de cualquier organización está moldeada por el peor comportamiento que el líder esté dispuesto a tolerar".
Gruenert y Whitaker

La autenticidad es una cualidad esencial en el liderazgo consciente; es lo que permite al líder ser genuino y actuar con coherencia respecto a sus valores y principios. Esta autenticidad no solo define al líder como individuo, sino que también influye profundamente en el ambiente que crea a su alrededor. El ambiente se convierte, en muchos sentidos, en una extensión de la autenticidad del líder, reflejando y amplificando su manera de relacionarse con los demás. Un entorno auténtico fomenta una dinámica saludable y contribuye significativamente al éxito y cohesión del equipo.

Un ambiente positivo y saludable actúa como un terreno fértil donde germinan la confianza, la comunicación y la colaboración. Las personas se sienten seguras para expresarse, compartir ideas y asumir riesgos sin temor al juicio o a consecuencias negativas. Un ambiente así fomenta la apertura, permitiendo que cada miembro del equipo aporte lo mejor de sí mismo y se sienta parte integral del propósito común.

Cómo la autenticidad del líder moldea el ambiente

1. Genera Confianza: La transparencia y honestidad de un líder auténtico son pilares fundamentales para construir confianza. Imagina a un líder que comunica de manera clara y abierta, explicando el "por qué" detrás de las decisiones difíciles que deben tomarse en la empresa. Esta transparencia no solo ayuda a que el equipo comprenda mejor la situación, sino que también refuerza la confianza en que el líder actuará con integridad, incluso en momentos de incertidumbre.

2. Fomenta la Comunicación Abierta: La autenticidad inspira a los demás a comunicarse con sinceridad. Considera a un líder que comienza cada reunión preguntando a los miembros del equipo cómo se sienten y cuáles son los desafíos que enfrentan. Al compartir sus propias experiencias y aprendizajes, este líder crea un ambiente donde todos se sienten cómodos al expresar sus pensamientos y preocupaciones, eliminando barreras y favoreciendo un flujo de ideas constante.

3. Empodera al Equipo: Un líder auténtico reconoce y valora las fortalezas individuales de cada miembro, creando un entorno donde todos se sienten capaces de contribuir. Por ejemplo, al notar el talento único de un empleado para la resolución creativa de problemas, el líder lo anima a asumir un proyecto desafiante. Al reconocer y aprovechar estas fortalezas, el líder no solo empodera al empleado, sino que también potencia al equipo, motivándolos a explorar y maximizar su potencial.

4. Crea una Cultura de Inclusión: La autenticidad en el liderazgo abraza la diversidad y promueve un ambiente inclusivo donde todas las voces son respetadas. Piensa en un líder que celebra las diferencias culturales y de pensamiento en su equipo, organizando sesiones donde cada miembro comparte su perspectiva única sobre un problema. Esta práctica no solo fomenta la inclusión, sino que también enriquece el proceso de toma de decisiones, proporcionando una gama de puntos de vista que fortalecen las soluciones y la creatividad del equipo.

El Ambiente como Potenciador del Desempeño del Equipo

Un ambiente positivo no solo contribuye al bienestar de los miembros del equipo, sino que también eleva su rendimiento. Cuando las personas se sienten valoradas y cómodas, su compromiso y dedicación aumentan. Este tipo de entorno se traduce en beneficios clave como:

- **Mayor Innovación:** Un espacio que fomenta la libre expresión estimula la creatividad y la generación de ideas. Por ejemplo, un líder que organiza una "tormenta de ideas" semanal donde cualquier sugerencia es bienvenida, sin importar lo inusual que pueda parecer, crea un ambiente propicio para la innovación. Esta actividad no solo permite que surjan soluciones novedosas, sino que también fortalece la confianza de los empleados al saber que sus aportes son valorados.

- **Mejor Resolución de Problemas:** La apertura y la confianza facilitan un enfoque colaborativo para abordar desafíos complejos. Imagina un líder que, frente a un problema importante, facilita una reunión en la que anima a todos a compartir sus perspectivas y posibles soluciones. La variedad de opiniones permite encontrar una solución más completa y efectiva, aprovechando la inteligencia colectiva del grupo. Después de todo, varias mentes trabajando juntas suelen ofrecer ideas más robustas que si solo unas pocas personas asumieran el reto.

- **Incremento de la Productividad:** Un equipo motivado y cohesionado trabaja con más eficacia y calidad. Un líder que reconoce regularmente los logros del equipo, incluso los pequeños avances, contribuye a mantener alta la moral y reducir la rotación de personal. Este reconocimiento constante impulsa la productividad, ya que los empleados se sienten apreciados y motivados a seguir dando lo mejor de sí.

El Líder como Catalizador del Ambiente

Es fundamental recordar que el líder es el principal responsable de moldear el ambiente del equipo. Sus actitudes y comportamientos establecen el tono y las normas culturales. Para crear un entorno que potencie el rendimiento del equipo, el líder debe:

Practicar la Empatía: Mostrar sensibilidad y respeto hacia las perspectivas y emociones de los demás.

Por ejemplo, si un líder nota que un empleado está atravesando un momento difícil, puede tomarse el tiempo para conversar, ofrecer su apoyo y, si es necesario, darle flexibilidad en su horario. Este acto de empatía no solo ayuda al empleado a equilibrar mejor sus responsabilidades, sino que también refuerza un ambiente de respeto y comprensión mutua.

Promover el Aprendizaje y el Crecimiento: Fomentar el desarrollo personal y profesional de cada miembro del equipo.

Un líder comprometido organiza talleres de capacitación y alienta a su equipo a participar, demostrando así un interés genuino por su crecimiento a largo plazo dentro de la organización. Esta inversión en el desarrollo del equipo no solo mejora sus habilidades, sino que también aumenta la lealtad y el sentido de pertenencia hacia la empresa.

Modelar la Humildad y la Vulnerabilidad: Mostrar que es humano y abierto a aprender de los demás.

Durante una reunión, un líder que admite haber cometido un error y comparte lo que ha aprendido de esa experiencia envía un mensaje poderoso. No solo demuestra humildad, sino que también fomenta un ambiente donde los errores se ven como oportunidades de aprendizaje, promoviendo así una cultura de mejora continua.

El Ambiente Potencia al Líder

Al crear un ambiente positivo, el líder no solo beneficia al equipo, sino que también se fortalece a sí mismo. Un entorno basado en la confianza y la colaboración ofrece al líder:

- **Retroalimentación Honesta:** Cuando los miembros del equipo se sienten cómodos ofreciendo feedback constructivo, el líder tiene la oportunidad de aprender y mejorar. Por ejemplo, un líder que solicita de manera regular comentarios sobre su estilo de liderazgo y está dispuesto a hacer ajustes en función de lo que escucha demuestra un verdadero compromiso con la mejora continua.

- **Apoyo y Lealtad:** Un equipo que se siente valorado tiende a brindar apoyo y a comprometerse con la visión compartida. Un líder que escucha y apoya a su equipo, especialmente durante los momentos difíciles, genera un profundo sentido de lealtad. Esto se traduce en un mayor compromiso y en un esfuerzo colectivo por alcanzar los objetivos comunes.

- **Mayor Influencia:** La confianza y el respeto ganados aumentan la capacidad del líder para influir positivamente en el equipo y en la organización. Un líder que ha construido una relación sólida basada en el respeto puede introducir nuevas iniciativas con éxito, ya que el equipo confía en su juicio y en su visión de futuro.

Crear el Ambiente Ideal: Estrategias Prácticas

1. **Comunicación Clara y Abierta:** Establecer canales de comunicación efectivos y asegurarse de que todos tengan la oportunidad de ser escuchados. Por ejemplo, implementar un sistema de comunicación interna donde los empleados puedan compartir sus ideas y preocupaciones de manera anónima permite que incluso las voces más tímidas tengan un espacio para expresarse.

2. **Reconocimiento y Aprecio:** Celebrar los logros y los esfuerzos tanto individuales como colectivos. Un líder que organiza un almuerzo mensual para reconocer públicamente a quienes han superado sus objetivos o han contribuido significativamente al equipo refuerza el sentido de pertenencia y la motivación.

3. **Establecer Expectativas Claras:** Definir objetivos y roles para evitar confusiones y conflictos. Comenzar cada proyecto con una reunión en la que se clarifiquen roles y expectativas asegura que todos estén alineados y enfocados en los mismos objetivos, mejorando la efectividad del equipo.

4. **Fomentar la Colaboración:** Crear oportunidades para que el equipo trabaje junto y desarrolle relaciones sólidas. Organizar actividades de *team building*, como retiros, talleres colaborativos o hasta un partido de fútbol, fortalece las relaciones interpersonales y mejora la cohesión del equipo.

5. **Ser Accesible:** Mantener una actitud abierta y estar disponible para apoyar y guiar al equipo. Un líder que mantiene una política de puertas abiertas invita a los

empleados a acercarse en cualquier momento para discutir problemas o compartir ideas, demostrando así su disponibilidad y disposición para ayudar.

El ambiente que un líder crea es un reflejo directo de su autenticidad y conciencia. Un ambiente positivo y enriquecedor no solo mejora la dinámica del equipo, sino que también amplifica el impacto y la efectividad del líder. Al centrarse en cultivar un espacio donde florezcan la confianza, la comunicación y la colaboración, el líder consciente inspira a su equipo a alcanzar niveles superiores de desempeño y satisfacción. Este ambiente, en última instancia, define la cultura organizacional y establece las bases para un crecimiento y éxito sostenibles.

5

El arte de la Asertividad

"Gana a través de tus acciones, nunca a través de argumentos".
Robert Greene

La asertividad es una habilidad poderosa y, a menudo, subestimada en el liderazgo consciente. No se trata solo de expresar las propias ideas y necesidades con claridad y seguridad, sino también de hacerlo con un profundo respeto hacia los demás. Este enfoque permite al líder alcanzar un equilibrio sutil entre la firmeza y la empatía, lo que resulta esencial para guiar a su equipo hacia los objetivos sin sacrificar un ambiente de trabajo saludable y colaborativo.

Asertividad y Alcance de Metas

En el contexto del liderazgo consciente, la asertividad se convierte en una herramienta crucial para alcanzar metas colectivas. Un líder asertivo es capaz de comunicar expectativas de manera precisa y respetuosa, lo que asegura que cada miembro del equipo comprenda su rol y las metas que deben alcanzarse. Esta claridad minimiza los malentendidos y establece un terreno común en el que todos los integrantes trabajan orientados hacia un mismo propósito.

Por ejemplo, cuando un líder establece plazos y asigna tareas específicas, se asegura de transmitir la importancia de cada acción y de clarificar cómo contribuye al éxito global del proyecto. Este enfoque directo, pero considerado, no solo mantiene a todos en la misma página, sino que también fomenta la responsabilidad individual y colectiva, impulsando al equipo a cumplir con los plazos y los estándares de calidad.

Asertividad en la Resolución de Conflictos

La asertividad es igualmente valiosa en la resolución de conflictos, un aspecto del liderazgo donde muchos suelen enfrentar dificultades. En lugar de evadir los problemas o tratarlos con un enfoque combativo, el líder asertivo aborda los conflictos de manera directa y constructiva. Esto implica escuchar activamente a todas las partes involucradas, mostrar una comprensión genuina de sus puntos de vista y luego presentar su propia perspectiva de forma clara y sin confrontación.

Por ejemplo, si dos miembros del equipo están en desacuerdo sobre la dirección de un proyecto, el líder asertivo tomará el tiempo necesario para escuchar las preocupaciones y propuestas de cada uno. A partir de ahí, buscará soluciones que integren elementos de ambas perspectivas, promoviendo un acuerdo que avance el proyecto y refuerce la cohesión del equipo. Este enfoque no solo resuelve el conflicto inmediato, sino que también fortalece la comunicación interna y construye una base de respeto y confianza dentro del grupo.

Prevención de un Ambiente Hostil

La asertividad desempeña un papel vital en la creación de un ambiente de trabajo respetuoso y positivo. Un líder asertivo establece un tono de respeto mutuo desde el inicio, fomentando un espacio donde las diferencias de opinión y las críticas constructivas se aceptan y se consideran valiosas para el crecimiento del equipo. Este enfoque proactivo reduce las posibilidades de que surjan tensiones innecesarias o de que el ambiente se vuelva hostil.

Por ejemplo, en una reunión de equipo, un líder asertivo podría abordar un aspecto a mejorar señalando las áreas específicas en las que se necesita progreso, mientras reconoce el esfuerzo y las contribuciones del equipo. Este tipo de retroalimentación, presentada de manera constructiva y con aprecio por el trabajo realizado, ayuda a los miembros del equipo a recibir la crítica de manera positiva. En lugar de sentirse atacados, se sienten motivados a mejorar, sabiendo que se valoran sus esfuerzos y que las sugerencias buscan el beneficio común.

En última instancia, la asertividad ayuda a construir un ambiente donde las ideas pueden fluir libremente y donde cada persona se siente segura de expresar sus opiniones y perspectivas, sabiendo que serán recibidas con respeto y profesionalismo.

"Los grandes líderes no culpan a las herramientas que se les dan. Trabajan para afilarlas".
Simon Sinek

Componentes Clave de la Asertividad

La asertividad en el liderazgo se basa en varios elementos fundamentales que, en conjunto, crean un entorno de trabajo equilibrado y respetuoso. Estos componentes permiten al líder comunicar con claridad, respetar las opiniones de los demás y fomentar una cultura organizacional de colaboración.

1. Escucha Activa: Un líder asertivo escucha con atención. La escucha activa implica estar totalmente presente en la conversación, minimizando distracciones, formulando preguntas aclaratorias y reflejando lo que se ha escuchado. Esta práctica demuestra respeto y garantiza que el líder comprende plenamente las preocupaciones y sugerencias del equipo.

Ejemplo: En una discusión sobre la dirección de un proyecto, un líder que practica la escucha activa puede decir: "Si entiendo bien, sugieres cambiar el enfoque en esta área porque crees que podría generar mejores resultados. ¿Podrías explicarlo un poco más?".

2. Minimizar Distracciones: Cuando un miembro del equipo está hablando, es fundamental que el líder reduzca todas las distracciones, como poner en silencio el teléfono y cerrar la computadora portátil, para dedicar toda su atención a la conversación. Este acto comunica que el líder valora la aportación de su equipo.

Ejemplo: Durante una reunión uno a uno, un líder asertivo guarda su teléfono y se enfoca completamente en la conversación, permitiendo que el empleado se sienta escuchado y respetado. Puede parecer muy obvio, pero analiza cuántas veces realmente lo haces.

3. Evitar Interrupciones: Interrumpir a alguien mientras habla puede ser una falta de respeto e inhibir la comunicación efectiva. Un líder asertivo permite que todos expresen sus pensamientos por completo antes de responder.

5.- El arte de la Asertividad

Ejemplo: En una reunión de equipo, un líder asertivo se asegura de que cada miembro complete su argumento antes de compartir su opinión o retroalimentación, dando espacio a todas las voces.

4. Empatía: La asertividad se complementa con la empatía. Un líder asertivo es consciente de las emociones y necesidades de los demás, ajustando su comunicación para facilitar la resolución de problemas y fortalecer las relaciones.

Ejemplo: Si un miembro del equipo parece frustrado, un líder asertivo podría decir: "Parece que esta situación te está causando estrés. ¿Cómo podemos trabajar juntos para encontrar una solución que te haga sentir más cómodo?".

5. Lenguaje Corporal y Ambiente: El lenguaje corporal es clave para la asertividad. Un líder debe estar atento a cómo su postura, gestos y expresión facial afectan la percepción de su mensaje. Además, es importante crear un ambiente cómodo donde todos se sientan seguros y valorados.

Ejemplo: Durante una presentación, un líder asertivo se mantiene erguido, hace contacto visual y utiliza gestos abiertos para transmitir confianza y receptividad. También se asegura de que el espacio esté organizado de manera que favorezca una discusión abierta.

La asertividad es más que una herramienta de comunicación; define el liderazgo consciente. Un líder asertivo no solo guía al equipo hacia los objetivos, sino que crea un ambiente donde la confianza, el respeto y la cooperación son la base. Con la escucha activa, la empatía y la capacidad de comunicarse con claridad y respeto, el líder establece un equipo cohesionado y productivo, capaz de enfrentar cualquier desafío con seguridad. La asertividad ayuda a evitar conflictos y malentendidos, y además fortalece la cultura organizacional, haciendo que el equipo trabaje de manera eficiente y armoniosa hacia el éxito compartido.

La comunicación es el alma del liderazgo. Más allá de transmitir información, es un arte que moldea relaciones, facilita el entendimiento y mueve a la acción. En el liderazgo consciente, la comunicación asertiva permite a los líderes expresar sus ideas con claridad, respetando las perspectivas de los demás y fomentando un ambiente de diálogo abierto y retroalimentación genuina. Este enfoque invita a las personas a defender sus puntos de vista y contribuciones en un espacio de respeto mutuo.

En el entorno de las ventas, la capacidad de comunicarse eficazmente se destaca como una de las competencias más críticas y diferenciadoras. Los comunicadores hábiles no solo son capaces de hablar de manera persuasiva, sino que también dominan el arte de la escucha activa y empática. Esta combinación de habilidades les permite establecer una conexión profunda con sus clientes, captar sus necesidades y preocupaciones en un nivel más genuino, y, en última instancia, presentar soluciones que resuenen de manera auténtica y significativa. La escucha empática no solo mejora la relación con el cliente, sino que también permite al comunicador anticiparse a problemas y adaptar sus propuestas a realidades específicas.

En el liderazgo organizacional, la asertividad juega un papel crucial para lograr éxito a largo plazo. Ser asertivo no se trata únicamente de expresar ideas y expectativas de manera clara y directa, sino también de asegurarse de que el mensaje llegue de forma efectiva a todos los niveles de la organización. La comunicación asertiva no se limita a decir lo que se piensa o a emitir instrucciones; implica, además, la responsabilidad de confirmar que el mensaje haya sido comprendido correctamente por todos los destinatarios.

5.- El arte de la Asertividad

Uno de los desafíos más comunes en el liderazgo es el riesgo de que el mensaje se diluya o se interprete de maneras distintas entre los miembros del equipo, especialmente en entornos donde existen barreras como la timidez, el miedo al juicio, o la falta de experiencia. Cuando un líder no asegura una comunicación clara y no verifica la comprensión del mensaje, pueden generarse problemas serios. Los empleados que no comprenden bien las instrucciones pueden cometer errores, no por falta de capacidad o interés, sino porque no se sintieron cómodos pidiendo aclaraciones, o porque la información brindada no fue suficiente para un entendimiento adecuado.

La asertividad en el liderazgo no consiste solamente en hablar de manera directa; también implica la habilidad de leer las reacciones de los demás, hacer preguntas para confirmar la comprensión y fomentar un ambiente donde todos se sientan seguros para expresar sus dudas. Un líder verdaderamente asertivo no solo se enfoca en lo que dice, sino también en cómo es recibido su mensaje. Esto requiere empatía, paciencia y la disposición para adaptar su estilo de comunicación según las particularidades de la audiencia.

Cuando las instrucciones no son claras y los miembros del equipo no se sienten en libertad de pedir aclaraciones, el riesgo de malentendidos se eleva significativamente. Estos malentendidos pueden llevar a errores costosos, tanto en términos de recursos como de tiempo, además de afectar la moral y la confianza del equipo. Es fundamental que los líderes comprendan que la responsabilidad de una comunicación efectiva recae en ellos. Si el equipo no capta plenamente una instrucción, podría ser señal de que el líder no se ha adaptado suficientemente a las necesidades comunicativas de su audiencia.

¿Cuántas veces en la escuela no sentiste esa angustia por no entender lo que el profesor decía? Volteabas a ver a tus compañeros y todos ponían la misma cara de espanto; sin embargo, por vergüenza o temor, nadie preguntaba o pedía al profesor que volviera a explicar el tema y todos se iban a casa con un hueco en la conciencia, pues sabían que no habían entendido nada; y claro, al llegar el examen, ahí estaban las consecuencias: una baja calificación y reprobada la materia. Sin embargo, eso no necesariamente era culpa de los alumnos por no haber estudiado, quizás fue culpa del profesor por no haber explicado correctamente el tema y haberse adaptado mejor a su audiencia.

Situaciones similares ocurren en el ámbito laboral. Imaginemos un líder que introduce un nuevo proceso de trabajo en una reunión. Durante la presentación, explica las nuevas directrices de manera rápida y, al finalizar, pregunta si alguien tiene dudas. Nadie responde. Algunos miembros del equipo pueden ser demasiado tímidos para preguntar, otros pueden temer parecer incompetentes, y algunos piensan que entendieron, pero en realidad no captaron todos los detalles.

Días después, los errores empiezan a surgir en la ejecución del nuevo proceso. Varios miembros del equipo han estado aplicando incorrectamente las instrucciones porque no comprendieron totalmente lo que se esperaba de ellos y no se sintieron cómodos para pedir aclaraciones. Este escenario no solo genera retrasos y frustración, sino que también afecta la confianza en el liderazgo. Los empleados sienten que no recibieron el apoyo necesario para entender los cambios, lo que resiente la moral del equipo y debilita el vínculo con su líder.

Cómo Evitar Este Tipo de Problemas

1. Fomentar un Ambiente de Comunicación Abierta: Desde el inicio, el líder debe dejar claro que no existen preguntas "tontas" y que es vital para el éxito del equipo que todos comprendan completamente las instrucciones. Esto puede lograrse usando un lenguaje inclusivo y recordando constantemente que siempre pueden pedir aclaraciones. Es preferible que el líder repita la información las veces que sea necesario, a que surjan errores por falta de comprensión.

Ejemplo: Al finalizar la presentación de un nuevo proceso, el líder podría decir: "Es importante para mí que todos se sientan cómodos y seguros con este nuevo proceso. Si algo no está claro, por favor, pregúntenlo ahora o después, incluso de manera privada si lo prefieren. Quiero asegurarme de que todos estemos en la misma página para evitar problemas más adelante".

2. Confirmar la Comprensión de Manera Proactiva: No es suficiente esperar a que los miembros del equipo expresen sus dudas; el líder debe ser proactivo y preguntar directamente si han entendido todo. Utilizar preguntas abiertas puede invitar a los integrantes a reflexionar y clarificar cualquier aspecto confuso.

Ejemplo: En lugar de preguntar simplemente "¿Alguien tiene alguna pregunta?", el líder podría preguntar: "¿Podría alguien resumir los pasos clave que hemos discutido para asegurarnos de que estamos todos alineados?".

3. Adaptar la Comunicación al Público: Cada persona tiene un estilo de aprendizaje único y distintos niveles de comodidad con la información. Algunos pueden necesitar ejemplos visuales para comprender mejor, mientras que otros prefieren una explicación verbal o un documento detallado que puedan revisar más tarde.

Ejemplo: El líder podría proporcionar una hoja de resumen con los puntos clave del nuevo proceso, incluyendo ejemplos visuales o diagramas, y luego ofrecer reuniones individuales para aquellos que prefieran una discusión más detallada.

4. Hacer Seguimiento Activo: Posterior a la reunión, el líder debería realizar un seguimiento con el equipo, preguntando cómo están aplicando el nuevo proceso y si han surgido nuevas dudas o desafíos. Este paso permite reforzar la comprensión y anticiparse a posibles problemas.

Ejemplo: El líder podría enviar un correo electrónico de seguimiento con un mensaje como: "Ahora que hemos comenzado a implementar el nuevo proceso, ¿hay algo que no haya quedado claro o que podamos ajustar para facilitar la transición? Estoy aquí para ayudar en lo que necesiten."

La asertividad en el liderazgo no se trata únicamente de comunicar con claridad, sino de asegurar que esa comunicación sea efectiva para todos los miembros del equipo. Un líder asertivo garantiza que cada persona entienda completamente las instrucciones y se sienta en la libertad de hacer preguntas sin temor a ser juzgada. Al crear un ambiente de comunicación abierta y adaptarse a las necesidades de su equipo, el líder no solo minimiza los errores, sino que también fortalece la confianza y el compromiso del equipo, fomentando un entorno de trabajo más eficiente y armonioso.

La Asertividad y su impacto en las Ventas

Escucha Empática: El Primer Paso Hacia la Conexión

La escucha empática es fundamental para cualquier interacción de ventas exitosa. Este tipo de escucha va más allá de simplemente oír al cliente; se trata de comprender sus emociones, motivaciones y necesidades subyacentes. Un vendedor que practica la escucha empática busca ver el mundo desde la perspectiva del cliente. Este enfoque ayuda a crear una relación de confianza y permite al vendedor ajustar su propuesta para abordar de manera precisa las preocupaciones y deseos del cliente.

Por ejemplo, un cliente que muestra preocupación por los costos puede estar pensando en el valor a largo plazo de su inversión. Un buen comunicador detecta esta inquietud y, en lugar de enfocarse solo en el precio, dirige la conversación hacia cómo la solución ofrecida brindará un valor duradero. Así, el vendedor no solo responde a la preocupación inmediata del cliente, sino que demuestra cómo la propuesta satisface sus necesidades en un contexto más amplio, lo que incrementa las posibilidades de cerrar la venta.

> "Las empresas y organizaciones que invierten en programas de desarrollo de liderazgo suelen experimentar un aumento en la productividad, la retención de empleados y la rentabilidad. Según un estudio de la consultora McKinsey, las empresas con una cultura de liderazgo fuerte superaron a sus competidores en ingresos y beneficios en un 20% a 30%".[8]

---

8   *La industria del liderazgo en datos*. Indexando Marketing S.L.
    https://es.linkedin.com/pulse/la-industria-del-liderazgo-en-datos-indexando-marketing-sl

"Un estudio de la consultora Brandon Hall Group encontró que las empresas que invierten en liderazgo tienen un retorno de inversión del 241%".[9]

Articulación Convincente de la Propuesta de Valor

Una vez comprendidas las necesidades del cliente, el paso siguiente es presentar la propuesta de valor de manera clara y convincente. Para hacerlo, es necesario entender cómo el producto o servicio puede cubrir las expectativas específicas del cliente. Los vendedores exitosos saben que no hay una única solución que funcione para todos, por lo que ajustan su enfoque y destacan los aspectos de la propuesta que realmente importan para el cliente en particular.

Articular la propuesta de valor no se trata solo de enumerar características o beneficios. Se trata de contar una historia que conecte emocionalmente con el cliente y que haga que la solución ofrecida sea irresistible. Un comunicador hábil en ventas presenta su producto o servicio como una solución directa a los problemas específicos que el cliente ha expresado, utilizando un lenguaje claro y relevante para captar su interés y atender a sus expectativas.

Adaptación del Estilo de Comunicación

La capacidad de adaptación es otra característica fundamental de los comunicadores exitosos en ventas. Reconocen que cada cliente es distinto, con personalidades, formas de comunicación y expectativas que varían. Por esta razón, un enfoque único rara vez es efectivo. Los vendedores hábiles ajustan su estilo de comunicación según las demandas de cada situación, ya sea adaptando el tono, el ritmo o la profundidad de la información que comparten.

---

9   Idem.

Por ejemplo, un cliente que valora la eficiencia y dispone de poco tiempo apreciará una presentación breve y al grano. Por otro lado, un cliente más analítico, que necesita tiempo para sentirse seguro en su decisión, puede requerir una explicación detallada y un intercambio más interactivo. Al ajustar su comunicación de acuerdo con las necesidades del cliente, el vendedor mejora la eficacia de su mensaje y demuestra flexibilidad y atención, cualidades que los clientes suelen valorar.

Comunicación Asertiva como Herramienta para la Innovación y Colaboración

La comunicación asertiva es un componente esencial en el liderazgo consciente, especialmente en el entorno de ventas. Los líderes que la practican capacitan a sus equipos para expresarse con claridad y confianza, respetando siempre las perspectivas de los demás. En un equipo de ventas, esto crea un ambiente donde las ideas se comparten sin restricciones, las preocupaciones se abordan de manera abierta y las decisiones se toman con un propósito compartido.

Un líder que fomenta la comunicación asertiva anima a su equipo a compartir ideas y sugerencias, lo que puede llevar a estrategias o enfoques nuevos que de otra manera no surgirían. Por ejemplo, un miembro del equipo podría proponer una forma novedosa de segmentar el mercado o una técnica de ventas distinta, que podría ser más efectiva para ciertos tipos de clientes. Al crear un espacio donde cada opinión es escuchada y valorada, el líder estimula la creatividad y fortalece la colaboración y el compromiso.

En conclusión, la habilidad para comunicar de manera efectiva en ventas se basa en la escucha empática, una propuesta de valor convincente, la adaptabilidad y la comunicación asertiva. Estos elementos, aplicados conscientemente, no solo mejoran la capacidad de un vendedor para conectar con sus clientes y lograr ventas, sino que también fomentan un entorno de trabajo en equipo donde la innovación y la colaboración son posibles. Al dominar estas habilidades, los vendedores y líderes de ventas no solo construyen un camino hacia el éxito sostenido, sino que también generan un impacto positivo dentro y fuera de la organización.

6

La Pasión como motor

"He fallado una y otra y otra vez en mi vida, y por eso tengo éxito".
Michael Jordan

La pasión es una fuerza que impulsa a las personas a perseguir objetivos con energía y determinación. En el contexto del liderazgo, la pasión no solo se trata de entusiasmo, sino de una convicción profunda que inspira y guía a otros. Un líder apasionado suele irradiar un compromiso y una dedicación tan intensos que resultan contagiosos. Este tipo de líder no se limita a cumplir con su rol; vive cada desafío y cada logro con un sentido de propósito. La pasión, entonces, se convierte en un motor que empuja al líder y a su equipo a superar obstáculos y a perseguir la excelencia.

Sin embargo, la pasión es un arma de doble filo. Sin un equilibrio adecuado, puede llevar a extremos que afectan la eficacia del líder y el bienestar del equipo. Cuando la pasión no se gestiona con inteligencia emocional, puede convertirse en un obstáculo que impide avanzar de manera efectiva. Para que la pasión sea verdaderamente efectiva, debe combinarse con la capacidad de reconocer, comprender y regular las propias emociones, así como de influir positivamente en las emociones de los demás. Es en esta sinergia entre pasión e inteligencia emocional donde reside el verdadero poder de un liderazgo inspirador.

La Pasión: Un Motor Inigualable

La pasión en el liderazgo es lo que distingue a un líder que simplemente cumple con su rol de otro que es verdaderamente inspirador. Un líder apasionado se compromete con los objetivos de la organización y contagia ese entusiasmo a su equipo, lo que se traduce en una disposición para trabajar arduamente, asumir riesgos calculados y persistir incluso en los momentos más difíciles. Un ejemplo de este tipo de líder es Steve Jobs, cuya visión y entusiasmo por la innovación transformaron a Apple y motivaron a toda una generación de creativos y emprendedores. Este tipo de pasión, cuando se maneja bien, puede convertirse en el motor que impulsa a la organización a alcanzar niveles de éxito que parecían inalcanzables.

El Lado Oscuro de la Pasión

A pesar de sus numerosos beneficios, la pasión también puede convertirse en un obstáculo si no se maneja adecuadamente. Uno de los riesgos más comunes de una pasión sin control es el perfeccionismo. Cuando un líder está demasiado centrado en alcanzar un ideal, puede perder de vista el panorama general, lo que frecuentemente resulta en ineficiencias y retrasos.

Imaginemos a un director creativo en una empresa tecnológica que insiste en que cada línea de código sea perfecta antes de avanzar al siguiente paso. Si bien la calidad es esencial, un enfoque extremo en los detalles puede retrasar el desarrollo del producto y desmotivar al equipo, que siente que su progreso está constantemente siendo obstaculizado. La intención inicial de alcanzar la excelencia se convierte en un impedimento para la eficiencia, pues la búsqueda de perfección ralentiza el avance.

La pasión sin moderación también puede llevar a la microgestión. Los líderes que sienten una necesidad intensa de que todo se haga "correctamente" tienden a involucrarse de forma excesiva en los detalles del trabajo de sus equipos. En su afán por controlar el resultado, supervisan cada paso de los proyectos, lo cual afecta la moral del equipo y limita su capacidad de innovar. La microgestión priva al equipo de autonomía, socavando su confianza y reduciendo su creatividad. Con el tiempo, esta falta de autonomía puede llevar al desánimo y disminuir la efectividad del equipo.

Pasión Mal Gestionada

Si bien la pasión puede ser un gran impulso, también es esencial que los líderes reconozcan las señales de una gestión ineficaz de esta emoción. La pasión desbordada puede derivar en comportamientos como el perfeccionismo y la microgestión, afectando no solo a los equipos, sino también al propio líder, quien corre el riesgo de enfrentarse a consecuencias personales significativas. A continuación, se presentan ejemplos de cómo una pasión mal enfocada puede obstaculizar los objetivos organizacionales y desgastar al líder:

1. Perfeccionismo Desmedido: Clara, una directora creativa en una agencia de publicidad, tiene una visión muy específica de cómo debe verse una campaña publicitaria. Su pasión por la calidad la lleva a revisar cada elemento del diseño, desde los colores hasta la tipografía, una y otra vez. Aunque su objetivo es alcanzar un producto final impecable, el proceso se alarga tanto que la campaña pierde el momento oportuno de lanzamiento. En este caso, la pasión por la perfección se vuelve contraproducente, y Clara empieza a sentirse abrumada por la carga de trabajo que ella misma se ha impuesto. Al final, su equipo experimenta la misma frustración, y el impacto sobre los ingresos de la empresa es negativo.

2. Microgestión y Desgaste Emocional: Javier, el CEO de una startup, se involucra en cada aspecto de la empresa, desde las decisiones de marketing hasta la contabilidad. En su intento por asegurar que cada área refleje su visión, limita la capacidad de su equipo para tomar decisiones propias y resolver problemas de manera independiente. Los empleados empiezan a sentirse sofocados y desmotivados, ya que perciben que no se confía en sus habilidades. Al mismo tiempo, Javier comienza a experimentar un gran estrés y fatiga, ya que se enfrenta a la carga emocional y física de controlar cada detalle. Su pasión inicial se convierte en una fuente de agotamiento, que amenaza con desviar su enfoque de los objetivos estratégicos de largo plazo.

A continuación te presento algunos ejemplos de microgestión que pueden servirte para evaluar tu enfoque actual y determinar si es necesario adaptar tu estilo de liderazgo para evitar caer en ellos:

1. **Solicitar actualizaciones constantes e innecesarias:** Exigir informes o actualizaciones frecuentes sobre el progreso de las tareas, incluso cuando no es necesario, interrumpiendo el flujo de trabajo del equipo y generando frustración.

2. **Revisar y corregir el trabajo repetidamente:** Rehacer o modificar el trabajo de los empleados constantemente, aunque cumpla con los estándares, solo para imponer un estilo personal o preferencia del gestor.

3. **No permitir la toma de decisiones en pequeñas tareas:** No dar a los empleados la libertad de tomar decisiones en aspectos triviales, como qué herramientas utilizar o cómo organizar su tiempo, forzándolos a buscar siempre la aprobación del líder.

4. **Estar presente en cada reunión o discusión:** Asistir a todas las reuniones, incluso las que no requieren la participación del líder, solo para monitorear lo que se discute, lo que reduce la autonomía del equipo.

5. **No permitir errores:** Estar demasiado enfocado en evitar cualquier tipo de error, reprimiendo la capacidad de los miembros del equipo para aprender de sus propias experiencias y reducir su iniciativa.

6. **Resultados a corto plazo:** Excederse en horas extras para cumplir un plazo ajustado sin considerar el equilibrio entre trabajo y vida personal, está comprometiendo la sostenibilidad del rendimiento del equipo.

7. **Ser excesivamente controlador e insistir en maneras específicas de hacer las tareas:** Insistir en que las tareas se realicen exactamente de la forma en que él las haría, en lugar de permitir que los empleados utilicen su propio enfoque, limita la creatividad y la innovación.

8. **Desconfianza en delegar responsabilidades importantes:** Cuando un gerente que se encarga personalmente de aprobar todos los presupuestos, aunque existan colaboradores capacitados para hacerlo.

Manejo Consciente de la Pasión

Para ser un líder consciente, es crucial canalizar la pasión de manera que potencie, en lugar de obstaculizar, el éxito del equipo y de la organización. La pasión, aunque motivadora, debe estar guiada por la ética y la inteligencia emocional para evitar que se convierta en un obstáculo. Algunas estrategias para manejar la pasión de manera constructiva incluyen:

1. Delegación Efectiva: Reconocer que no se puede controlar todo es fundamental. Delegar tareas a miembros del equipo en los que se confía no solo alivia la carga del líder, sino que también empodera a los empleados y fomenta un sentido de propiedad en el trabajo. En lugar de supervisar cada detalle de un proyecto, un líder puede asignar responsabilidades claras y dar autonomía a los miembros del equipo, permitiéndoles tomar decisiones y sentirse responsables del resultado.

2. Fijar Prioridades: No todos los aspectos de un proyecto son igualmente importantes. Un líder apasionado debe aprender a priorizar, concentrándose en los elementos clave que realmente impactan los resultados. Esto ayuda a evitar el perfeccionismo y asegura que los proyectos avancen. Al enfocar los esfuerzos en las áreas de mayor impacto, un líder evita que su equipo se sienta sobrecargado y permite un progreso más ágil hacia los objetivos principales, sin perder tiempo en detalles que no afectan el resultado general.

3. Fomentar la Autonomía: Dar a los empleados la libertad de tomar decisiones y de ser creativos en su trabajo puede contrarrestar los efectos negativos de la microgestión. Un líder apasionado debe confiar en su equipo y permitir que tomen las riendas en sus áreas de responsabilidad. Cuando un líder se enfoca en el desarrollo del equipo y fomenta un ambiente donde se valora la iniciativa individual, promueve la creatividad y la innovación, mientras mantiene su rol como guía y mentor.

4. Reflexión y Autoevaluación: Tomarse el tiempo para reflexionar sobre cómo la pasión afecta el estilo de liderazgo y el ambiente de trabajo es clave. La autoevaluación constante ayuda a identificar patrones de comportamiento que necesitan ser ajustados. Un líder podría dedicar tiempo a la autoevaluación y a la retroalimentación con su equipo, analizando si su enfoque está en sintonía con los objetivos a largo plazo y con las necesidades de sus colaboradores.

5. La Ética como Pilar del Liderazgo Consciente: Un líder consciente no solo debe ser apasionado y efectivo en su gestión, sino también guiarse por principios éticos sólidos. La ética es esencial para mantener la integridad y la confianza dentro del equipo y en la organización en general. Un líder ético toma decisiones que no solo benefician a los resultados inmediatos, sino que también consideran el impacto a largo plazo sobre las personas y el entorno.

Consciencia y Pragmatismo

Integrar la ética en el liderazgo implica actuar con transparencia, justicia y respeto, incluso cuando se presentan desafíos. Este compromiso se refleja, por ejemplo, en la forma en que el líder delega tareas de manera equitativa, fomenta la autonomía bajo un marco ético claro y considera tanto los beneficios económicos como el bienestar del equipo al fijar prioridades. Este enfoque ético no solo fortalece la credibilidad del líder, sino que también fomenta la confianza del equipo y asegura que las acciones sean coherentes con los valores que promueven un ambiente de trabajo saludable y una visión de éxito sostenible a largo plazo.

Este estilo de liderazgo consciente se distingue de otros enfoques históricos que, a lo largo del tiempo, han priorizado el pragmatismo sobre la ética. Por ejemplo, el liderazgo transaccional se centra en obtener resultados mediante recompensas y sanciones, donde la ética no es el principal factor. De igual manera, el liderazgo autocrático enfatiza el control y la centralización del poder, valorando la eficacia y la obediencia por encima de la colaboración y el respeto mutuo.

Dentro de esta variedad de enfoques pragmáticos, resulta interesante considerar la perspectiva de Maquiavelo, quien, en *El Príncipe*, describe el liderazgo como una habilidad adaptativa centrada en el poder y la influencia. Su enfoque prioriza la flexibilidad y el control, dejando la moralidad en un segundo plano cuando la situación lo requiere. En contraste, el liderazgo consciente se enfoca en el impacto positivo y el bienestar colectivo, integrando la ética y el respeto en cada decisión. Aunque estilos pragmáticos como el de Maquiavelo ven el poder y la influencia como componentes esenciales del éxito, el liderazgo consciente busca equilibrar estos elementos con el respeto por las personas y por la sociedad en general.

Al considerar tanto el liderazgo consciente como los enfoques pragmáticos, podemos encontrar elementos que enriquecen una perspectiva de liderazgo completa. A continuación, algunos puntos de contraste y similitud que ilustran cómo estos enfoques pueden complementarse:

1. Capacidad de Adaptación y Desarrollo: Tanto el liderazgo consciente como los enfoques pragmáticos valoran la capacidad de adaptación y el desarrollo continuo de habilidades. En el caso de Maquiavelo, el liderazgo efectivo requiere una combinación de "virtud" y "fortuna": la virtud representa la habilidad, la astucia y la capacidad de adaptación del líder, mientras que la fortuna se refiere a las circunstancias externas que pueden facilitar u obstaculizar el éxito. Este enfoque pragmático se centra en la habilidad de ajustarse para mantener el poder y la estabilidad. El liderazgo consciente, aunque también valora la adaptabilidad, enfatiza el crecimiento personal desde una perspectiva de autoconocimiento y reflexión continua, enfocándose no solo en aprovechar las oportunidades, sino también en fomentar un desarrollo ético y colaborativo que beneficie al equipo y a la comunidad.

2. Esfuerzo Constante y Flexibilidad: La flexibilidad es fundamental para ambos estilos de liderazgo. Los enfoques pragmáticos suelen enfatizar la necesidad de ajustarse a circunstancias cambiantes para preservar el control. En cambio, el liderazgo consciente se centra en equilibrar esta adaptabilidad con el compromiso de generar un bienestar colectivo, fomentando un crecimiento que beneficie a todo el equipo y que sea sostenible en el tiempo.

3. Influencia y Poder como Herramientas de Liderazgo: En los enfoques pragmáticos, el poder y la influencia son elementos esenciales para mantener la estabilidad. Maquiavelo, por ejemplo, argumenta que "es mejor ser temido que amado" si debe elegirse entre ambos, ya que el temor puede garantizar el respeto y el control. El liderazgo consciente, en cambio, valora la influencia basada en la inspiración y la colaboración, buscando movilizar a otros hacia objetivos comunes a través de la confianza mutua, el respeto y la motivación intrínseca.

4. Consciencia en la Toma de Decisiones: El liderazgo consciente incorpora una consciencia de sus acciones y su impacto, tomando decisiones que buscan beneficiar al equipo y a la comunidad en general. Mientras que los enfoques pragmáticos justifican decisiones difíciles si éstas aseguran el éxito y la estabilidad del líder, el liderazgo consciente se enfoca en mantener el bienestar colectivo y la sostenibilidad en el tiempo.

5. Compromiso con el Progreso a Largo Plazo: Ambos estilos ven el liderazgo como un proceso de mejora constante. Los enfoques pragmáticos, sin embargo, suelen poner énfasis en la vigilancia y el control, manteniéndose en alerta para proteger la posición del líder. Por otro lado, el liderazgo consciente promueve un progreso colaborativo y la construcción de relaciones duraderas, basadas en la confianza y la transparencia, que impulsen un crecimiento sostenible.

6. Construcción de un Legado: El liderazgo consciente se basa en la idea de dejar un legado de impacto positivo que inspire a otros a actuar con principios similares. Por su parte, los enfoques pragmáticos, como los de Maquiavelo, buscan un legado de estabilidad y control, asegurando que la estructura de poder se mantenga firme y eficaz. Aunque las motivaciones y los valores puedan diferir, ambos estilos coinciden en la importancia de dejar una huella significativa y duradera.

Cómo influir en tu equipo

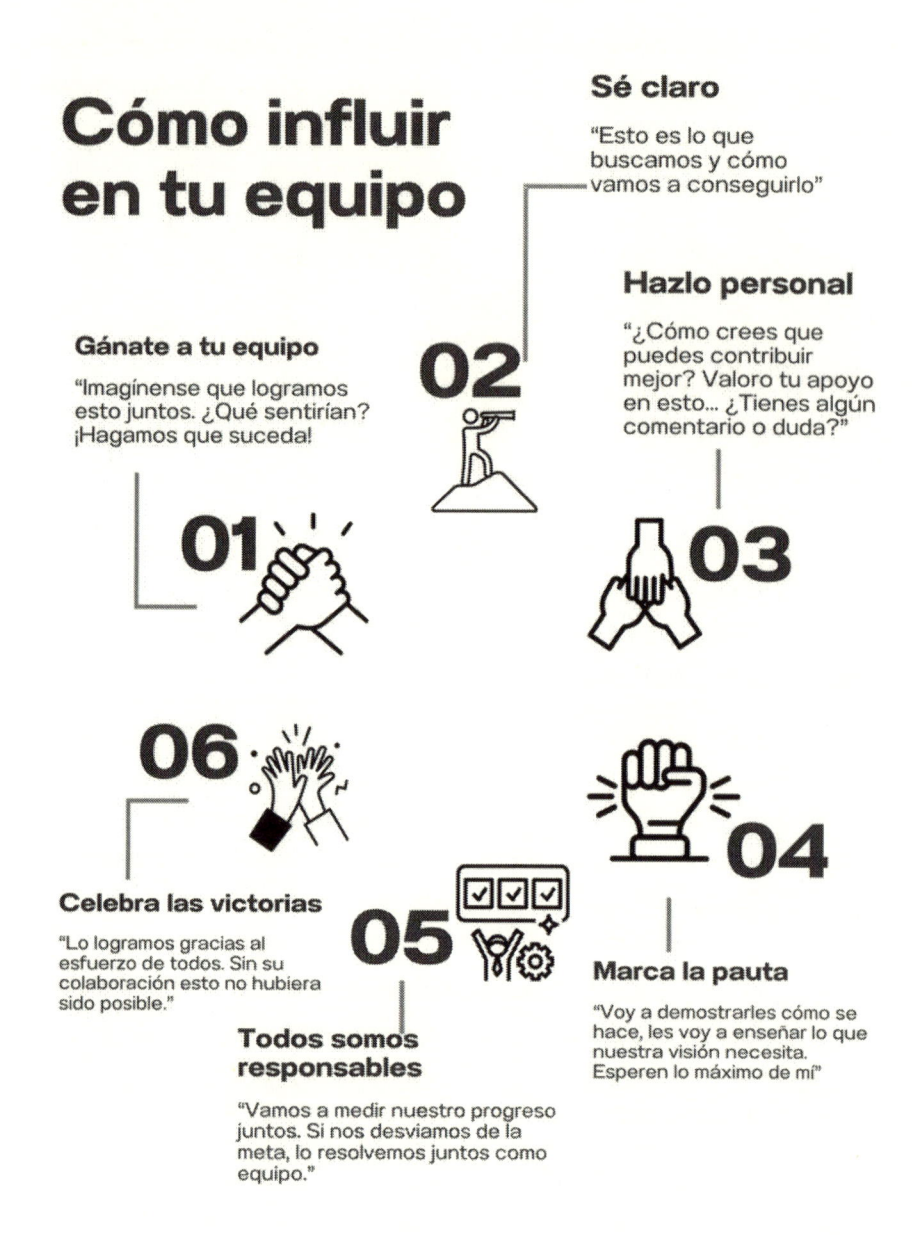

Sé claro
"Esto es lo que buscamos y cómo vamos a conseguirlo"

Hazlo personal
"¿Cómo crees que puedes contribuir mejor? Valoro tu apoyo en esto... ¿Tienes algún comentario o duda?"

Gánate a tu equipo
"Imagínense que logramos esto juntos. ¿Qué sentirían? ¡Hagamos que suceda!"

01

02

03

06

Celebra las victorias
"Lo logramos gracias al esfuerzo de todos. Sin su colaboración esto no hubiera sido posible."

05

Todos somos responsables
"Vamos a medir nuestro progreso juntos. Si nos desviamos de la meta, lo resolvemos juntos como equipo."

04

Marca la pauta
"Voy a demostrarles cómo se hace, les voy a enseñar lo que nuestra visión necesita. Esperen lo máximo de mí"

Estas dos perspectivas pueden complementarse en la medida en que un líder consciente también necesita ser estratégico y enfocado en resultados, mientras que un líder pragmático puede aprender a

6.- La Pasión como motor

equilibrar el poder con la empatía para generar un impacto más sostenible. Integrar aspectos de ambos enfoques permite un liderazgo que no solo alcance metas, sino que también inspire confianza y genere un cambio positivo duradero.

La ética proporciona la dirección que la pasión necesita para ser un recurso inspirador, en lugar de una fuerza desbordante. Sin embargo, para que este impulso se traduzca en prácticas sostenibles y beneficiosas para el equipo, la inteligencia emocional se vuelve indispensable. La capacidad de gestionar emociones, tanto propias como ajenas, permite al líder consciente transformar su entusiasmo en una fuente de cohesión y resiliencia, alineada con el bienestar colectivo y el propósito compartido.

La Pasión y la Inteligencia Emocional

La inteligencia emocional permite que la pasión se manifieste de manera equilibrada, aportando claridad y sensibilidad al liderazgo consciente. Un líder consciente, al comprender y manejar sus propias emociones, no solo logra canalizar su energía con efectividad, sino que también promueve un ambiente donde la pasión se convierte en un estímulo positivo para todo el equipo. La inteligencia emocional ayuda a percibir las emociones del grupo, lo cual es fundamental para identificar cuándo es necesario ajustar el enfoque, motivar al equipo o detenerse y reflexionar.

Por ejemplo, un líder apasionado puede sentir la necesidad de dedicar tiempo adicional a un proyecto y esperar el mismo nivel de compromiso de su equipo. Sin embargo, un líder emocionalmente inteligente evalúa cómo este entusiasmo afecta el equilibrio del grupo, ajustando sus expectativas en función del bienestar y la capacidad colectiva. De esta manera, la pasión no se convierte en una presión, sino en una fuente de inspiración, motivando a todos a alcanzar los objetivos de una manera más saludable y efectiva.

La inteligencia emocional permite que el líder consciente utilice su pasión para fomentar el compromiso y la creatividad, manteniendo siempre una perspectiva consciente de los impactos que sus emociones generan. En lugar de dejarse llevar por impulsos intensos que puedan afectar negativamente la dinámica del equipo, el líder emplea la inteligencia emocional como una brújula que guía sus decisiones, promoviendo un ambiente de trabajo donde la resiliencia, la motivación y el respeto mutuo prosperan.

A continuación, se detallan cinco habilidades clave de la inteligencia emocional que ayudan a gestionar la pasión de forma efectiva:

1. Autoconciencia: El primer paso es la autoconciencia, que implica reconocer las propias emociones y entender cómo estas afectan las decisiones y comportamientos. Un líder que es consciente de su nivel de pasión puede identificar cuándo está impulsando demasiado fuerte y moderar sus expectativas en beneficio del equipo. Por ejemplo, un líder que se da cuenta de que su deseo de alcanzar la perfección está afectando la moral del equipo puede ajustar los plazos y redefinir los objetivos, creando un ambiente de trabajo más positivo y realista.

2. Autorregulación: Una vez que el líder ha desarrollado autoconciencia, el siguiente paso es la autorregulación, que implica controlar las reacciones impulsivas y mantener la calma ante situaciones adversas. La autorregulación permite que la pasión se canalice de forma constructiva, evitando que se convierta en una fuente de estrés. Por ejemplo, en una reunión donde las cosas no van como se esperaba, un líder con inteligencia emocional evita responder impulsivamente; en lugar de expresar frustración, opta por tomar un momento para evaluar la situación y ofrece soluciones, transmitiendo serenidad y motivando al equipo a mantenerse enfocado en la resolución del problema.

6.- La Pasión como motor

3. Empatía: La empatía permite al líder comprender cómo su entusiasmo y energía impactan a su equipo, permitiéndole ajustar su enfoque para mantener un ambiente positivo. Un líder empático es capaz de percibir cuándo su pasión inspira al equipo y cuándo está generando tensión o agotamiento. Si, por ejemplo, un líder nota que un miembro del equipo se siente abrumado, puede redistribuir tareas o brindar apoyo adicional. Esta capacidad de respuesta no solo reduce el estrés del equipo, sino que también fortalece la confianza, ya que demuestra que el bienestar del equipo es una prioridad.

4. Motivación: Cuando la pasión se combina con una motivación interna fuerte, se convierte en una fuente de inspiración para los demás. Un líder motivado y apasionado que expresa su entusiasmo de manera positiva puede motivar a su equipo a comprometerse plenamente con los objetivos compartidos. Por ejemplo, un líder que muestra su pasión por la misión de la empresa en cada interacción cotidiana fomenta una cultura de entusiasmo y propósito compartido. Esto impulsa al equipo a trabajar con determinación, incluso en los momentos difíciles, al sentir que están contribuyendo a un objetivo significativo.

5. Habilidades Sociales: Las habilidades sociales son fundamentales para comunicar la pasión de una manera que inspire y motive, promoviendo la colaboración y la armonía. Estas habilidades incluyen la capacidad de comunicarse de manera efectiva, trabajar en equipo y manejar conflictos con tacto y empatía. Por ejemplo, en una sesión de lluvia de ideas, un líder con buenas habilidades sociales invita al equipo a compartir sus opiniones, evitando imponer su visión desde el inicio. Al mostrar que valora las ideas de cada miembro, fomenta una cultura de colaboración, donde el equipo se siente escuchado y motivado a contribuir con entusiasmo.

Cuando un líder carece de inteligencia emocional, sus expectativas y comportamiento pueden crear un ambiente de trabajo donde el equipo se siente presionado, desvalorizado y poco motivado. Los miembros del equipo experimentan una mezcla de frustración y agotamiento, especialmente si el líder establece expectativas poco realistas o exige un compromiso inalcanzable. La presión constante afecta la moral y tiene consecuencias sobre la productividad y la calidad del trabajo.

Para los miembros del equipo, el trabajo deja de ser una fuente de satisfacción y se convierte en una carga, ya que sienten que sus esfuerzos no son suficientes para alcanzar los estándares intransigentes del líder. Además, la falta de reconocimiento y autonomía puede llevar a una desconexión emocional, lo que disminuye su interés por el proyecto y reduce su capacidad de contribuir con ideas innovadoras. Con el tiempo, estos efectos negativos pueden afectar el bienestar del equipo, su desempeño general y los resultados de la organización.

El autoconocimiento, la gestión emocional y la flexibilidad en las relaciones son habilidades fundamentales para cualquier líder consciente que aspire al éxito. La Dra. Susan David explora estos principios de manera profunda y cautivadora en su libro *Agilidad Emocional*, proporcionando herramientas clave para desarrollar un liderazgo más empático y resiliente.

1. Autoconciencia y Gestión Emocional: Susan David destaca la importancia de reconocer y aceptar nuestras emociones sin dejar que ellas nos controlen o definan nuestras acciones. Este enfoque está profundamente alineado con el liderazgo consciente, que requiere una reflexión constante sobre las propias emociones y reacciones, permitiendo a los líderes actuar con empatía y efectividad. Los líderes

6.- La Pasión como motor

conscientes se autoevalúan para evitar actuar impulsivamente o desde un estado emocional reactivo, manteniéndose en control de sus respuestas para liderar de manera auténtica y efectiva.

Un líder consciente que practica la agilidad emocional no ignora ni reprime sus emociones; más bien, las emplea como una herramienta para adaptarse mejor a cada situación. Por ejemplo, imagina que un líder siente frustración durante una reunión compleja. En lugar de reaccionar impulsivamente, reconoce esa emoción, reflexiona sobre su origen y responde con calma, guiando al equipo hacia una solución constructiva.

En mi experiencia, un ejemplo común de esta autogestión emocional se da con ciertos clientes que, a pesar de sus constantes retrasos en los pagos, suelen ser los más exigentes y propensos a reclamar por cualquier detalle. Estos clientes pueden ser particularmente irritantes y generan, de manera natural, emociones negativas en uno. Sin embargo, en lugar de responder bruscamente, lo cual podría dañar la relación y complicar aún más la situación, un líder consciente opta por no tomárselo como algo personal. El reto está en evitar el enojo y la confrontación, manteniendo la calma y adoptando una actitud asertiva y estratégica.

Al enfrentar a este tipo de cliente, el líder consciente evalúa la mejor manera de resolver la situación de forma que se protejan los intereses de la empresa, se preserve la relación con el cliente y se minimice el impacto en la dinámica del equipo. Supongamos que un cliente recurrente, que representa un ingreso importante para la empresa, se atrasa en sus pagos pero requiere un trato preferencial en ciertas ocasiones. El líder puede optar por establecer límites claros y condiciones para futuras interacciones, tales como plazos de pago estrictos o expectativas mutuas definidas. Esta gestión, calmada y calculada, no solo previene conflictos innecesarios, sino que también construye una reputación de empatía, firmeza y profesionalismo en la gestión de relaciones externas.

La autoconciencia emocional y la gestión de emociones de forma estratégica son fundamentales en el liderazgo consciente, permitiendo que el líder maneje las situaciones más desafiantes sin comprometer la relación y manteniendo el enfoque en los objetivos.

2. Adaptarse a la Adversidad: La resiliencia y la adaptabilidad son temas muy importantes tanto en el liderazgo consciente como en la agilidad emocional. Según la Dra. David, la agilidad emocional implica aceptar que los desafíos y la adversidad son inevitables; sin embargo, nuestra habilidad para manejarlos de forma flexible y no reactiva es lo que realmente nos permite avanzar y crecer. En el liderazgo consciente, la adaptabilidad se convierte en una habilidad esencial para guiar a los equipos de manera efectiva en tiempos de crisis e incertidumbre.

La pandemia de COVID-19 es un ejemplo claro de cómo la adversidad puede exigir adaptabilidad y resiliencia, y de cómo estos elementos son fundamentales para un liderazgo consciente. Este período crítico representó un desafío abrumador para muchos sectores, y los restaurantes fueron particularmente afectados. Con las restricciones y medidas de distanciamiento social, muchos tuvieron que cerrar temporalmente sus puertas, lo que significó para algunos una amenaza de cierre definitivo. Sin embargo, los que lograron adaptarse y transformarse rápidamente dieron un ejemplo claro de resiliencia y liderazgo consciente en acción.

En lugar de rendirse ante las circunstancias, muchos de estos negocios encontraron nuevas formas de seguir operando y generando ingresos. Algunos adoptaron modelos de envío a domicilio y reestructuraron sus procesos para responder a la demanda del mercado. Otros fueron un paso más allá y decidieron cerrar

6.- La Pasión como motor

permanentemente sus espacios físicos, transformándose en *"dark kitchens"* o "cocinas fantasma", es decir, establecimientos que operan exclusivamente para envíos a domicilio. Este modelo les permitió reducir costos operativos y enfocarse en mejorar la experiencia del cliente a través del servicio de entrega, ajustándose a las nuevas realidades del mercado.

Este cambio representa un caso ejemplar de cómo los líderes conscientes enfrentan la adversidad. En lugar de esperar a que la crisis pasara o de resistirse al cambio, adoptaron un enfoque proactivo, evaluando las circunstancias y buscando soluciones creativas que asegurasen la sostenibilidad del negocio y el bienestar de sus empleados. La transformación de restaurantes tradicionales hacia este modelo demuestra que el liderazgo consciente no se centra solo en la supervivencia, sino en encontrar oportunidades en la adversidad y en reinventar modelos de negocio para seguir aportando valor de manera innovadora y relevante.

Además de su capacidad de adaptación, estos líderes tuvieron que comunicar efectivamente el nuevo rumbo a sus equipos, motivarlos para que asumieran roles distintos y facilitar la implementación de procesos más ágiles y ajustados a la situación. La clave del liderazgo consciente en estos casos es la flexibilidad, la visión a largo plazo y la habilidad de liderar con integridad y propósito, incluso en los momentos más inciertos.

Adaptarse a la adversidad y manejar las emociones estratégicamente son componentes esenciales del liderazgo consciente. Estos ejemplos muestran cómo el líder consciente, a través de la autoconciencia y la resiliencia, no solo enfrenta los retos con perspectiva y calma, sino que convierte cada desafío en una oportunidad para aprender, crecer y encontrar soluciones que aporten valor a su organización y a su equipo en tiempos de cambio.

3. Empoderar a los Demás: Susan David argumenta que la agilidad emocional permite a las personas conectar mejor consigo mismas y con los demás, lo que facilita relaciones más auténticas. Un líder consciente, que cultiva esta agilidad, es capaz de empoderar a su equipo, dándoles espacio para expresar sus emociones y preocupaciones de manera abierta y sin juicio.

Un líder que combina la agilidad emocional con el liderazgo consciente facilita un entorno donde los empleados se sienten seguros para hablar sobre sus sentimientos y desafíos. Al reconocer y validar esas emociones, los líderes empoderan a los demás, lo que fomenta una cultura de confianza y colaboración. Por ejemplo, en lugar de ignorar el estrés o el agotamiento de su equipo, un líder consciente podría organizar conversaciones regulares donde se discutan abiertamente estos temas y se busquen soluciones conjuntas para mejorar el bienestar del equipo.

Empoderar a los demás en el contexto del liderazgo consciente no implica solo darles más responsabilidad o autoridad en sus roles; también significa brindar un entorno en el que se sientan cómodos para ser ellos mismos. El líder consciente que practica la agilidad emocional sabe que, al permitir que los empleados se expresen sin temor a represalias, está fomentando una cultura donde todos se sienten valorados, lo cual es esencial para la colaboración y la innovación en el equipo.

4. Disciplina y Coherencia Emocional: La agilidad emocional de David también subraya la importancia de actuar en alineación con nuestros valores y principios, independientemente de las emociones fluctuantes que podamos experimentar. Para un líder consciente, esto se traduce en disciplina y coherencia emocional, actuando de acuerdo con los valores que defiende, incluso cuando enfrenta situaciones desafiantes que podrían hacerlo reaccionar de manera impulsiva.

6.- La Pasión como motor

Un líder emocionalmente ágil y consciente no permite que sus emociones momentáneas, como la frustración o el estrés, dicten sus decisiones o interfieran en su comportamiento hacia el equipo. Al contrario, recurre a sus valores y principios como guía constante, mostrando autocontrol y estabilidad emocional. Si se enfrenta a una situación desafiante o está bajo alta presión, en lugar de descargar su frustración en los demás o actuar desde un lugar de ansiedad, el líder consciente toma un momento para reconocer sus emociones, las procesa y luego actúa de manera coherente con los valores que defiende, transmitiendo calma y equilibrio a su equipo.

Por ejemplo, supongamos que un líder está trabajando en un proyecto complejo y enfrenta obstáculos imprevistos que están retrasando los resultados. La presión y el estrés acumulados podrían llevarlo a actuar de forma impulsiva, mostrando enojo o irritación en sus interacciones. Sin embargo, el líder consciente comprende que estos momentos son oportunidades para practicar la disciplina emocional. Decide tomar un momento para procesar sus emociones en privado, reflexionando sobre su propósito y sus valores antes de interactuar con el equipo. Cuando regresa, en lugar de transmitir ansiedad o frustración, se comunica de manera clara y con enfoque, recordando al equipo los objetivos a largo plazo y reconociendo el esfuerzo colectivo, al tiempo que motiva a todos a mantenerse firmes y comprometidos.

La coherencia emocional no solo implica controlar las reacciones impulsivas; también es un reflejo de la integridad del líder. Al actuar de manera disciplinada y coherente, el líder envía un mensaje claro al equipo: sus acciones no están dictadas por emociones pasajeras, sino guiadas por un propósito mayor y unos valores bien definidos. Esta coherencia es esencial para ganarse la confianza del equipo, demostrando que pueden contar con su líder para actuar de manera justa y constante, sin importar las circunstancias. En última instancia, un líder consciente y disciplinado en sus emociones crea un ambiente donde el equipo se siente seguro y motivado, sabiendo que su líder siempre se rige por principios sólidos y por el bienestar colectivo.

5. Comunicación Clara y Empática: David destaca en su libro la importancia de la comunicación clara y abierta como una herramienta fundamental para conectar con los demás de manera efectiva. La comunicación consciente implica escuchar activamente y responder con empatía, teniendo en cuenta las emociones tanto propias como de los demás.

En el liderazgo consciente, la comunicación es uno de los aspectos más importantes. Un líder que aplica la agilidad emocional es capaz de expresar sus pensamientos y emociones de manera clara, sin evadir conversaciones difíciles. Además, reconoce las emociones de su equipo, lo que mejora la comunicación y genera relaciones más sólidas. Por ejemplo, durante un conflicto, un líder consciente no solo abordará los hechos, sino también cómo los miembros del equipo se sienten respecto al problema, hablando en privado con ellos y escuchando sus argumentos, logrando así una resolución más completa y efectiva.

La comunicación clara y empática también incluye la capacidad de reconocer cuándo es necesario ofrecer apoyo emocional a un miembro del equipo que atraviesa un momento difícil. Este tipo de comunicación se convierte en un catalizador de confianza, ya que los colaboradores saben que su líder se preocupa no solo por los resultados, sino también por el bienestar emocional de cada individuo. Esto no solo mejora el ambiente laboral, sino que también refuerza la capacidad del equipo para enfrentar desafíos con una mentalidad colectiva y colaborativa.

6. Capacidad para Innovar y Reflexionar: La agilidad emocional también fomenta la capacidad de ser creativo y adaptarse rápidamente a los cambios, ya que no estamos atrapados en emociones negativas o patrones reactivos. Esto permite una mayor apertura mental y una disposición a probar nuevas ideas.

En el liderazgo consciente, los líderes que son emocionalmente ágiles son más propensos a fomentar la innovación dentro de sus equipos. Al no aferrarse al miedo al fracaso o a las emociones negativas que pueden surgir cuando se enfrentan a algo nuevo, un líder puede animar a su equipo a asumir riesgos calculados y explorar soluciones creativas. Un ejemplo sería un líder que alienta a su equipo a compartir ideas disruptivas sin temor al juicio y llevarlas a la práctica, y utiliza la agilidad emocional para adaptarse a las diferentes perspectivas.

Agilidad Emocional se entrelaza profundamente con los principios del liderazgo consciente, ya que ambos enfoques destacan la importancia del autoconocimiento, la empatía, la resiliencia y la adaptabilidad. La agilidad emocional permite a los líderes conscientes manejar sus emociones de forma constructiva, ayudándolos a mantenerse fieles a sus valores, empoderar a su equipo y enfrentar la adversidad de manera positiva.

En resumen, el liderazgo consciente, combinado con la agilidad emocional, permite una gestión más flexible, empática y efectiva. Un líder que desarrolla estas habilidades no solo maneja los desafíos externos, sino también las complejidades emocionales, tanto propias como del equipo, promoviendo un ambiente de crecimiento y bienestar, a nivel personal y organizacional.

La pasión es, sin duda, uno de los ingredientes esenciales del liderazgo consciente, pero debe ser gestionada cuidadosamente. Cuando se canaliza de forma equilibrada, la pasión puede inspirar y motivar a un equipo a alcanzar nuevas alturas. Sin embargo, si no se controla, puede dar lugar a problemas como el perfeccionismo y la microgestión, que pueden afectar la eficiencia y la moral del equipo. Al equilibrar la pasión con habilidades como la delegación, la priorización y la confianza en el equipo, los líderes pueden transformar su entusiasmo en éxito tangible, tanto para ellos como para su organización.

7

Una Armadura llamada Resiliencia

"La mayoría de las personas no quieren ser parte del proceso, solo quieren ser parte del resultado. Pero es en el proceso donde descubres quién merece ser parte del resultado".
Scottie Pippen

La resiliencia es una cualidad indispensable para el líder que aspira a guiar con consciencia. Más que una simple capacidad de soportar la adversidad, la resiliencia es el arte de adaptarse, recuperarse y encontrar nuevas oportunidades de crecimiento en medio de los desafíos. Este escudo, forjado a través de experiencias acumuladas, no es una habilidad que se adquiere de la noche a la mañana, sino una combinación de carácter, experiencia y preparación constante. Un líder resiliente se enfrenta a sus propios desafíos con fortaleza e inspira a su equipo a hacer lo mismo, le ofrece estabilidad en los momentos más críticos y se convierte en un ejemplo de motivación y superación.

Resiliencia: Carácter, Experiencia y Preparación

La resiliencia se construye en la intersección de valores sólidos, experiencias difíciles y una preparación constante. Los líderes que han pasado por fracasos, que han sido objeto de críticas y que han tenido que enfrentar el rechazo desarrollan una capacidad genuina para enfrentar la adversidad con fortaleza. Estos líderes comprenden que cada dificultad es una oportunidad para aprender, en lugar de una barrera insuperable. A continuación, se exploran los componentes fundamentales de la resiliencia:

1. Carácter: El carácter es el núcleo de la resiliencia y proporciona la base sobre la cual los líderes construyen su fortaleza. Es lo que permite mantener la integridad y los valores en los momentos más difíciles, aun cuando las soluciones rápidas o los atajos pueden parecer tentadores. Un líder con carácter fuerte actúa desde sus principios, manteniéndose firme en sus valores y tomando decisiones que reflejan su compromiso con la ética, incluso si esas decisiones resultan más complejas o requieren sacrificios.

Imaginemos, por ejemplo, a un líder de una organización sin fines de lucro que enfrenta presiones financieras importantes. Durante una crisis económica, su equipo sugiere recortar el personal de campo para reducir costos. Sin embargo, este líder, comprometido con la misión de brindar servicios a comunidades vulnerables, decide en cambio reducir los gastos administrativos y buscar fuentes de financiamiento alternativas. Aunque sabe que esta decisión traerá desafíos operativos y lo obligará a asumir responsabilidades adicionales, prefiere priorizar la continuidad de los programas esenciales, protegiendo la misión de la organización. A través de esta acción, demuestra que su carácter y su compromiso con el propósito de la organización son más fuertes que la tentación de la solución más fácil.

2. Experiencia: La resiliencia también se construye a través de la experiencia. Aquellos líderes que han enfrentado una variedad de desafíos a lo largo de su trayectoria desarrollan una perspectiva más amplia, lo cual les permite anticipar problemas y responder de manera más rápida y efectiva. Cada obstáculo superado se convierte en una lección valiosa, y con el tiempo, los líderes resilientes construyen un "manual de supervivencia" personal que los ayuda a navegar las dificultades con mayor sabiduría.

7.- Una Armadura llamada Resiliencia

Consideremos a un CEO de una empresa de manufactura que ha pasado por varias recesiones. Su experiencia en tiempos de crisis le permite prever los efectos de una desaceleración económica en su cadena de suministro. Anticipándose a los problemas, establece alianzas estratégicas con proveedores y negocia contratos más flexibles, lo cual le da la capacidad de mantener la producción sin interrupciones, incluso durante una recesión inesperada. En lugar de reaccionar apresuradamente, utiliza su experiencia pasada para preparar a la empresa y al equipo para responder con estabilidad y eficacia.

3. Preparación: La preparación es un aspecto esencial de la resiliencia, ya que no se trata solo de responder a la adversidad, sino de anticiparse a ella. Un líder resiliente dedica tiempo a construir una base sólida para que, cuando surjan los desafíos, ni él ni su equipo sean tomados por sorpresa. Esto implica prácticas como simulaciones de crisis, planes de contingencia y desarrollo continuo de habilidades, que permiten afrontar cualquier situación con mayor seguridad y creatividad.

Por ejemplo, un líder en una empresa de tecnología puede estar consciente de la volatilidad del mercado. En lugar de esperar a que surjan las crisis, organiza talleres de resolución de problemas y simulaciones de crisis para preparar al equipo. Además, diversifica la cartera de productos y se asegura de que su equipo esté capacitado en varias áreas, no solo en una especialidad técnica. De esta manera, cuando el mercado sufre una caída o se enfrenta a una interrupción significativa, el equipo no solo está listo para responder, sino que también cuenta con la confianza y el conocimiento necesarios para tomar decisiones estratégicas.

Resiliencia Frente a la Crítica y la Oposición

Además de la adversidad externa, la resiliencia de un líder también se pone a prueba en cómo maneja las críticas y la oposición. Un líder resiliente es aquel que puede enfrentar la crítica con calma, sin dejar que afecte su autoconfianza. Reconoce que la crítica constructiva es una oportunidad para crecer, mientras que la crítica destructiva es algo que se debe gestionar con sabiduría y profesionalismo.

1. Manejo de la Crítica: Para los líderes resilientes, la crítica no es una amenaza, sino una oportunidad de crecimiento. En lugar de adoptar una postura defensiva, los líderes escuchan atentamente y buscan la raíz de la preocupación. Al responder de esta manera, no solo desactivan el conflicto, sino que también muestran un compromiso continuo con el aprendizaje y la mejora.

Pensemos en un gerente de proyectos que recibe críticas por falta de claridad en la comunicación. En lugar de tomarlo como un ataque personal, organiza una reunión con su equipo para explorar las preocupaciones y recibir sugerencias. A partir de este diálogo, el gerente implementa un canal de comunicación más estructurado y trabaja con el equipo para establecer un sistema de retroalimentación continua. Al final, convierte una crítica inicial en una oportunidad para fortalecer las relaciones y mejorar la eficiencia del equipo.

2. Superar la Oposición: La oposición es inevitable en el liderazgo, y la resiliencia se muestra en cómo el líder elige sus batallas. Los líderes resilientes no buscan ganar en todas las situaciones; en cambio, evalúan cada desafío y se enfocan en los temas que realmente impactan el bienestar y el progreso de la organización. A través de la paciencia y una estrategia de comunicación efectiva, superan la oposición al escuchar, aprender y, cuando es necesario, ceder.

Imaginemos a un líder que propone un cambio organizacional significativo y se encuentra con resistencia en diferentes niveles de la empresa. En lugar de imponer su visión de inmediato, reúne al equipo, escucha sus preocupaciones y responde con empatía. Después, ajusta su enfoque para incorporar algunas de las sugerencias de los empleados, y presenta una implementación gradual del cambio. Al hacerlo, no solo minimiza la resistencia, sino que también crea un clima de colaboración y compromiso con la visión compartida.

Aprendiendo del Fracaso y Enfrentando el Éxito

En el contexto actual, caracterizado por la constante movilidad de personas y una acelerada transformación tecnológica, el liderazgo consciente se vuelve esencial para quienes desean adaptarse y sobresalir. Hoy en día, vivimos en un mundo de migrantes, con personas que cruzan fronteras en busca de mejores oportunidades o refugio, y al mismo tiempo, en un mundo donde la tecnología y la inteligencia artificial son los nuevos motores de desarrollo. Los datos se han convertido en el "nuevo petróleo", el recurso más valioso de nuestra era, impulsando decisiones, patrones y sistemas a nivel global.

Para un líder consciente, adaptarse al cambio y anticipar los movimientos futuros son habilidades que ya no pueden considerarse opcionales; son, en cambio, esenciales para liderar con éxito en tiempos de incertidumbre. Vivimos en un momento donde los sistemas políticos están desgastados, la confianza en las instituciones es baja, y la capacidad para navegar estos desafíos se vuelve más relevante que nunca. Adaptarse al cambio significa abrazar una mentalidad flexible y resiliente. Esto incluye la capacidad de aprender y desaprender rápidamente, de actualizar conocimientos, y de entender cómo la diversidad cultural y la movilidad global enriquecen los equipos y amplían las perspectivas. Así como el petróleo una vez impulsó la economía mundial, hoy los datos y el acceso a la tecnología generan nuevas oportunidades y desafíos, y un líder consciente debe estar preparado para entender y gestionar la influencia que esto tiene en su entorno.

En este contexto de cambio constante, se hace indispensable liderar en un entorno VUCA (volátil, incierto, complejo y ambiguo), el cual desafía a los líderes a anticipar y gestionar tanto el éxito como el fracaso con una visión estratégica y equilibrada, evitando tanto la complacencia como el desánimo. Así, quiero animarte a no convertirte en un pasajero pasivo de tu vida, sino en el tripulante que toma decisiones intencionadas y guía su propia ruta. Ser un líder consciente significa anticipar el cambio, crear oportunidades en lugar de esperar a que se presenten, y tomar el timón de tu vida y de tu liderazgo, navegando con propósito en un entorno en constante transformación.

En este mundo cambiante, donde la estabilidad es la excepción y no la norma, liderar conscientemente significa mantener una visión estratégica, cultivando la empatía y el entendimiento en un entorno globalizado. Tú eres responsable de tu trayecto, de tu equipo y de tus decisiones. Haz que cada paso sea intencionado y que cada cambio sea una oportunidad para mejorar.

Enfrentar el Fracaso y el Éxito

Enfrentar el fracaso y el éxito como líder son dos caras de la misma moneda. Ambos pueden ser herramientas poderosas de aprendizaje y crecimiento o trampas que pueden descarrilar incluso al líder más experimentado. La capacidad de equilibrar ambas experiencias define el desarrollo y la resiliencia del líder consciente.

7.- Una Armadura llamada Resiliencia

Enfrentando el Fracaso

El fracaso es, en muchos sentidos, una experiencia formativa para los líderes. El fracaso bien enfrentado nos fortalece, enseña y permite ver claramente las áreas de mejora en la estrategia, en la ejecución y en la propia capacidad de liderazgo. Para un líder consciente, enfrentar el fracaso implica asumir la responsabilidad, entender las causas profundas y ver cómo adaptarse mejor en el futuro.

Aceptación y Aprendizaje: La aceptación del fracaso es el primer paso. Un líder consciente no culpa a otros ni evade responsabilidades; reconoce los errores y se centra en las lecciones que puede extraer. Esto fomenta una cultura de aprendizaje continuo en el equipo, donde todos se sienten seguros para innovar y aprender sin miedo a las consecuencias.

Adaptación y Resiliencia: En un entorno VUCA, el fracaso es inevitable, y aquí la resiliencia juega un papel esencial. Los líderes deben adaptarse y cambiar de dirección cuando las condiciones externas lo exigen, en lugar de insistir en una ruta que ya no es viable. El fracaso en el contexto VUCA es una oportunidad para aprender a maniobrar en la incertidumbre y desarrollar un plan flexible y adaptable.

Enfrentando el Éxito

Si el fracaso puede destruir la motivación, el éxito en dosis masivas es igual de peligroso y cegador. En su euforia, los líderes pueden perder perspectiva, subestimar los riesgos y confiar ciegamente en sus métodos. Esto convierte el éxito en una trampa si no se maneja con la misma atención y control que se daría a una crisis.

Estableciendo Controles y Procesos: Ante el éxito, es fácil caer en la complacencia. Los controles y procesos son esenciales para mantener al equipo y al líder en un estado de vigilancia y aprendizaje constante. No importa cuánto éxito se haya logrado; estos mecanismos aseguran que el equipo permanezca alineado con la visión y no pierda de vista los objetivos a largo plazo.

Mantener la Visión Clara: Una visión clara y compartida es lo que evita que el éxito lleve a una desconexión con la realidad. El líder consciente se asegura de que cada logro esté en línea con la visión y misión organizacional y de que el éxito se utilice como un impulso para avanzar, no como una excusa para detenerse o desviarse de los valores fundamentales.

Éxito y Fracaso en el Contexto VUCA

El entorno VUCA exige que tanto el éxito como el fracaso sean evaluados de manera crítica y constante. En un contexto donde el cambio es la norma, el éxito de hoy no garantiza el de mañana. De igual manera, el fracaso actual no dicta los fracasos futuros, sino que abre puertas a nuevas oportunidades de innovación.

Volatilidad y Agilidad en el Liderazgo: Tanto en momentos de éxito como de fracaso, el líder consciente necesita moverse con agilidad. La volatilidad del entorno exige que el éxito y el fracaso sean vistos como pasos en un proceso de mejora constante. Adaptarse rápidamente y reaccionar de manera proactiva son habilidades críticas.

Incertidumbre y Toma de Decisiones Basadas en Datos: En un mundo impulsado por los datos y la tecnología, el líder consciente necesita utilizar el éxito y el fracaso para refinar su toma de decisiones. Tomar decisiones basadas en datos permite ver más allá de la euforia del éxito o del impacto del fracaso y centrarse en los hechos y las métricas que realmente importan.

Complejidad y Colaboración Estratégica: La complejidad de los desafíos en el contexto VUCA hace que ningún líder pueda triunfar solo. Ya sea para abordar un fracaso o capitalizar un éxito, la colaboración estratégica permite que las perspectivas diversas aporten claridad y permitan ver más allá de las limitaciones individuales.

Ambigüedad y Aprendizaje Continuo: La ambigüedad en el entorno VUCA hace que cada experiencia de éxito o fracaso se convierta en una oportunidad de aprendizaje. Un líder consciente fomenta una cultura en la que el equipo aprende de cada resultado, ya sea positivo o negativo, promoviendo la mejora continua y la adaptación constante.

La clave para navegar entre éxito y fracaso es no dejar que ninguno te lleve pasivamente. No seas un *pasajero* de los éxitos que eventualmente se estancan, ni de los fracasos que amenazan con llevarte a la deriva. Sé el *tripulante*, el líder que toma el timón, ajusta la vela y elige intencionalmente el próximo curso de acción. Un líder consciente maneja el éxito con humildad y el fracaso con coraje, entendiendo que ambos son partes del viaje y no el destino final.

En conclusión, el líder consciente no solo gestiona el éxito y el fracaso; los utiliza como palancas para un crecimiento y aprendizaje continuo, adaptándose al entorno VUCA sin perder de vista su misión y visión. Es este balance lo que convierte al éxito y al fracaso en aliados, y al líder, en un verdadero capitán de su destino.

Resiliencia en la Práctica

A continuación te presento dos casos que, para mí, ejemplifican cómo la resiliencia —manifestada a través del carácter, experiencia y preparación—, además de ayudar a navegar la adversidad, también refuerza los valores fundamentales de una organización y de una sociedad:

Liderazgo en Tiempos de Crisis

Howard Schultz, el empresario que transformó Starbucks de una pequeña cadena local en Seattle a un gigante global del café, tras haberse retirado de la dirección, volvió en 2008 a tomar las riendas cuando la compañía enfrentaba un periodo crítico: una caída significativa en ventas, cierre de tiendas y un desplome en el precio de sus acciones. Su regreso mostró su compromiso con la empresa y su disposición para asumir decisiones difíciles con una visión a largo plazo.

Demostró su carácter ético durante la crisis al optar por mantener beneficios clave para los empleados, incluso bajo intensa presión financiera. Mientras muchas empresas recortaban beneficios esenciales, eligió preservar el seguro médico, reafirmando su compromiso hacia el equipo de Starbucks.

Frente a decisiones complejas como el cierre de tiendas y los despidos, se mantuvo fiel a los principios fundamentales de la organización. En lugar de ceder ante la presión por soluciones fáciles, eligió actuar con integridad, asegurándose de que el bienestar del personal siguiera siendo una prioridad. Su firmeza envió un mensaje claro sobre los valores de Starbucks, lo que permitió al equipo mantener la dedicación y el compromiso en medio de las dificultades.

Su capacidad para enfrentar la adversidad se forjó en años de experiencia al frente de la empresa. Esa trayectoria le permitió anticipar problemas y abordarlos de manera estratégica, sin respuestas impulsivas. Una de las medidas más destacadas fue el cierre temporal de más de 7,000 tiendas en Estados Unidos para reentrenar al personal. Esta decisión, aunque arriesgada, reflejaba una comprensión profunda de la importancia de la calidad del producto y la experiencia del cliente.

7.- Una Armadura llamada Resiliencia

Ese reentrenamiento, lejos de ser un simple ajuste operativo, envió un mensaje claro sobre el compromiso renovado con los estándares de excelencia de Starbucks. Con una visión basada en la experiencia, Schultz revitalizó la empresa y fortaleció su conexión con los clientes.

La resiliencia de Schultz no fue solo una reacción a la crisis, sino el resultado de una preparación estratégica. Promovió innovaciones y buscó mercados nuevos que no solo ayudaron a la empresa a mantenerse a flote, sino que también la prepararon para un crecimiento continuo.

Enfocado en la diversificación, impulsó una renovación de la cultura organizacional y lideró la expansión hacia mercados internacionales. Al reenfocar a Starbucks en sus valores esenciales, restauró la confianza interna y aseguró que la organización estuviera lista para futuros desafíos.

Su compromiso con la integridad y el bienestar de los empleados demuestra cómo la resiliencia puede ser una fuente de fortaleza para toda la organización. Al preservar beneficios fundamentales, Schultz demostró un respeto y responsabilidad hacia el equipo que ayudó a mantener la moral alta, promoviendo así un sentido de pertenencia y unidad en momentos de vulnerabilidad.

El manejo de la crisis de 2008 por parte de Schultz es un ejemplo claro de cómo la resiliencia puede fortalecer a una organización y prepararla para futuros éxitos. A través de un carácter firme, una experiencia rica en lecciones y un enfoque proactivo, no solo ayudó a Starbucks a superar la crisis, sino que la reorientó hacia una visión de crecimiento y compromiso duradero. Esta resiliencia bien fundamentada permitió la recuperación de la compañía y también el desarrollo de una organización más sólida y preparada.

Resiliencia y Liderazgo Social

Nelson Mandela, figura emblemática de la lucha contra el apartheid en Sudáfrica, encarna la esencia de la resiliencia en su forma más pura. Su prolongada batalla contra un sistema de segregación racial, sumada a 27 años de encarcelamiento, demuestra una extraordinaria capacidad para perseverar y transformar la adversidad en fuerza de cambio. Su vida y legado reflejan cómo el carácter, la experiencia y la preparación pueden interactuar para construir un liderazgo transformador.

El apartheid, un sistema de segregación institucionalizado en 1948, negaba derechos fundamentales a la mayoría negra de Sudáfrica. Mandela, abogado de formación, se unió al Congreso Nacional Africano (CNA) en 1944, convirtiéndose en un líder clave en la resistencia contra este sistema. La profundidad de su carácter se hizo evidente cuando, a pesar de las constantes amenazas a su vida y libertad, eligió defender principios de igualdad y justicia. Su compromiso abarcaba tanto la causa como su visión de una Sudáfrica unida y libre.

En 1962, Mandela fue arrestado por su activismo y condenado a cadena perpetua. Durante sus 27 años de encarcelamiento, principalmente en la isla de Robben, enfrentó condiciones extremas, aislamiento y trabajos forzados. En lugar de dejarse quebrantar, utilizó este tiempo para fortalecerse y reforzar su misión. Su carácter se reflejó en su capacidad para mantener sus convicciones y en su decisión de liderar, aun desde la prisión, un movimiento de resistencia. Aprovechó cada oportunidad para educarse y educar a otros prisioneros, organizando la "Universidad de Robben Island", donde compartía sus conocimientos sobre política, derecho y liderazgo. En un contexto que parecía ofrecerle únicamente opresión, Mandela se preparaba para su liberación y para un rol de liderazgo que transformaría a su país. La "Universidad de Robben Island" se

7.- Una Armadura llamada Resiliencia

convirtió en un símbolo de resistencia y esperanza, y en un espacio donde perfeccionó sus habilidades estratégicas y de negociación, capacidades que serían decisivas en los años venideros.

Tras su liberación en 1990, en un país fracturado y al borde del conflicto civil, Mandela continuó demostrando una resiliencia forjada en sus años de sufrimiento. Su experiencia en la prisión había reforzado su carácter y, en lugar de buscar venganza, optó por la reconciliación. Al liderar la transición de Sudáfrica hacia una democracia inclusiva, su capacidad de adaptación y su visión fueron fundamentales. Mandela negoció la libertad de su pueblo y estableció la Comisión de la Verdad y la Reconciliación, un organismo destinado a abordar las injusticias del apartheid y promover la sanación nacional. Al priorizar la reconciliación, demostró cómo el liderazgo resiliente puede construir puentes, incluso entre quienes parecían irreconciliables.

Cuando asumió la presidencia en 1994, Mandela enfrentó el desafío monumental de unificar una nación dividida por el odio y la desconfianza. En lugar de imponer sus ideas, buscó integrar a todos los sudafricanos en su visión de una "nación arcoíris". Su enfoque reflejaba la fortaleza de un líder que había soportado la adversidad, aprendido a adaptarse y utilizado su experiencia como una fuente de inspiración. La resiliencia de Mandela lo preparó para superar sus propias pruebas y le permitió liderar un proceso de transformación social profundo y duradero, con un compromiso claro de construir una Sudáfrica basada en el respeto mutuo y la igualdad.

El caso de Nelson Mandela muestra cómo la resiliencia puede ser el cimiento de un liderazgo consciente y ético. Su capacidad para mantener su integridad, aprender de la adversidad y prepararse para el futuro le permitió superar desafíos personales y construir una visión de paz y unidad para su país. Mandela nos enseña que la verdadera resiliencia es un proceso de crecimiento y adaptación que permite enfrentar los retos con dignidad y propósito. Su legado es un recordatorio de que, a través de la fortaleza de carácter, el aprendizaje continuo y la preparación consciente, es posible impactar profundamente en el bienestar de toda una nación.

Resiliencia Colectiva

La resiliencia individual es fundamental en un líder, pero enfrentar los desafíos de manera efectiva requiere que esta capacidad se extienda a todo el equipo. Cuando cada miembro de un equipo es resiliente, el grupo se vuelve más fuerte y capaz de enfrentar la adversidad con una mentalidad de apoyo mutuo y un sentido de propósito compartido.

A continuación, te propongo cinco acciones para desarrollar un equipo resiliente y preparado para responder a la adversidad de manera constructiva:

1. Promover la Comunicación Abierta: Crear un entorno donde cada miembro pueda expresar sus preocupaciones y sugerencias sin temor permite que las voces se escuchen y que se compartan ideas. Esta comunicación transparente no solo fomenta el respeto mutuo, sino que también permite que el equipo aborde problemas de manera colaborativa. Al dar a cada persona la oportunidad de contribuir, se fortalece la cohesión y se refuerza el sentido de pertenencia. Esta apertura es la base de un equipo resiliente que confía en la diversidad de perspectivas para encontrar soluciones.

2. Fomentar Prácticas de Autocuidado: El bienestar físico y mental de cada miembro es crucial para la resiliencia del equipo. El líder puede promover prácticas como pausas activas o sesiones de meditación que permitan al equipo recargar energías y mantener un estado emocional equilibrado. Este enfoque en el autocuidado ayuda a prevenir el agotamiento y a gestionar el estrés de forma constructiva. Un equipo que se cuida y apoya en sus momentos de vulnerabilidad está mejor preparado para responder de manera calmada y eficaz en tiempos de alta presión.

3. Implementar Programas de Aprendizaje Compartido: El aprendizaje continuo es una herramienta clave para desarrollar la resiliencia colectiva. Organizar talleres o simulaciones de crisis permite al equipo practicar la toma de decisiones en entornos controlados y adaptarse a situaciones complejas. Este tipo de experiencia no solo prepara a los miembros para enfrentar desafíos futuros, sino que también establece una cultura de mejora constante, donde los errores se convierten en oportunidades de aprendizaje. Con esta mentalidad, el equipo se vuelve más flexible y se adapta más rápidamente a los cambios, mejorando su capacidad de superar adversidades.

4. Desarrollar una Red de Apoyo Mutuo: La resiliencia se fortalece cuando existe una red de apoyo entre los miembros del equipo. Al fomentar sesiones de mentoría o círculos de retroalimentación, el líder crea espacios donde se pueden compartir conocimientos y experiencias. Esta red ayuda a los miembros a enfrentar problemas con diferentes perspectivas y, además, facilita la construcción de lazos de confianza. Cuando el equipo se enfrenta a situaciones difíciles, contar con una red de apoyo sólida permite a cada persona sentirse respaldada, lo que refuerza el compromiso y la unidad en tiempos de adversidad.

5. Mantener un Enfoque en el Propósito Común: Un sentido de propósito compartido le da al equipo una dirección clara y un significado más profundo a su trabajo. En momentos de crisis, el enfoque en un objetivo común permite que el equipo trabaje unido y encuentre soluciones creativas para superar obstáculos. Este compromiso hacia un propósito común fortalece la resiliencia colectiva al permitir que los miembros visualicen cómo sus esfuerzos individuales contribuyen al bienestar y al éxito del equipo. La cohesión y la motivación se incrementan cuando cada miembro siente que está contribuyendo a algo significativo y de largo plazo.

Estas acciones ayudan a transformar la resiliencia individual en una capacidad colectiva que permite enfrentar la adversidad con una actitud positiva y una mentalidad de crecimiento. Un equipo que practica estas estrategias es capaz de adaptarse a los cambios, asumir desafíos con confianza y encontrar oportunidades para fortalecerse en cada situación. Al promover un entorno de apoyo, aprendizaje y propósito compartido, el líder fomenta una cultura de resiliencia que sustenta el crecimiento y la eficacia del equipo a largo plazo.

Fortalecer la Resiliencia Individual

"La perseverancia es fallar diecinueve veces y tener éxito la vigésima".
Julie Andrews

La resiliencia no es una característica innata, sino una habilidad que podemos desarrollar a través de prácticas conscientes. Como líderes, nuestra capacidad de resiliencia influye profundamente en cómo manejamos los desafíos y motivamos a quienes nos rodean. A continuación, te presento cinco acciones que, al practicarlas de manera regular, pueden ayudarte a cultivar y fortalecer esta capacidad, integrando el aprendizaje y el crecimiento personal en cada aspecto de tu vida.

1. Desarrollar la Flexibilidad Cognitiva: La flexibilidad cognitiva nos permite adaptarnos a circunstancias cambiantes y enfrentar situaciones desde diferentes perspectivas. Al ejercitarla, se vuelve más fácil ajustar nuestra mentalidad y acciones según el contexto y las necesidades del momento. Una práctica sencilla es exponernos a ideas o puntos de vista opuestos a los nuestros y reflexionar sobre ellos sin juicios inmediatos. Este enfoque no solo

7.- Una Armadura llamada Resiliencia

amplía nuestra comprensión, sino que también nos prepara para situaciones inesperadas y nos ayuda a responder de manera equilibrada, lo cual es esencial para un liderazgo consciente.

2. Cultivar la Inteligencia Emocional: La resiliencia emocional se construye cuando somos capaces de entender y gestionar nuestras emociones, incluso en momentos difíciles. Practicar la autoconciencia nos permite reconocer cómo nuestros estados emocionales afectan nuestras decisiones y relaciones. Por ejemplo, tomarse unos minutos al día para reflexionar sobre qué desencadenó una emoción particular, y luego pensar en cómo podríamos responder de una forma más constructiva, fortalece nuestras habilidades de regulación emocional. Con el tiempo, esta práctica nos ayuda a manejar el estrés de manera efectiva, generando un entorno de calma y seguridad para nosotros y para nuestro equipo.

3. Fomentar la Curiosidad y el Aprendizaje Continuo: La curiosidad nos impulsa a explorar y adquirir nuevas habilidades, lo que es fundamental para adaptarnos y prosperar en un mundo cambiante. Al abrirnos a experiencias nuevas y buscar activamente el aprendizaje, reforzamos nuestra mentalidad de crecimiento y promovemos una perspectiva más positiva hacia los desafíos. Dedica tiempo a aprender sobre temas fuera de tu área de especialización, o incluso a leer sobre las experiencias de otros líderes que han enfrentado grandes adversidades. Este aprendizaje constante no solo incrementa tu resiliencia, sino que también alimenta tu creatividad y te permite encontrar soluciones innovadoras ante los obstáculos.

4. Practicar la Aceptación y el Desapego: Parte del desarrollo de la resiliencia consiste en aceptar aquello que no podemos cambiar y enfocarnos en lo que sí está bajo nuestro control. La práctica de mindfulness o atención plena nos ayuda a observar nuestras emociones sin apegarnos a ellas, reduciendo el estrés y mejorando nuestra capacidad de respuesta ante la adversidad. Al aprender a aceptar las situaciones difíciles como oportunidades de crecimiento, y al dejar de aferrarnos a resultados específicos, cultivamos una actitud más equilibrada que nos permite enfrentar las dificultades con una mente clara y serena.

5. Desarrollar un Sentido de Propósito y Significado: Conectar nuestras acciones con un propósito más grande nos da la fortaleza para superar incluso los desafíos más intensos. Reflexionar sobre nuestros valores personales y alinearlos con nuestras metas nos proporciona una motivación más profunda y sostenible. Pregúntate: ¿De qué manera estás contribuyendo al bienestar de tu equipo o comunidad? ¿Qué impacto quieres dejar? Al tener clara esta conexión con un propósito mayor, es más fácil perseverar en los momentos difíciles y encontrar significado en cada experiencia, fortaleciendo así nuestra resiliencia.

Cada una de estas acciones contribuye a la resiliencia de manera individual, pero su verdadero poder se revela cuando se integran como un conjunto de prácticas que refuerzan nuestro bienestar general. La flexibilidad cognitiva nos ayuda a mantener una mentalidad abierta, mientras que la inteligencia emocional nos permite gestionar nuestras respuestas. La curiosidad nos lleva a aprender continuamente, la aceptación nos permite soltar aquello que no podemos cambiar, y el sentido de propósito nos da la motivación para seguir adelante.

¿Cómo quieres responder ante los desafíos que enfrentas? ¿Qué impacto te gustaría tener en los demás y en tu propio crecimiento? Al incorporar estas prácticas en tu vida, no solo te preparas para enfrentar las adversidades de manera constructiva, sino que también inspiras a otros a hacer lo mismo. La resiliencia es la base que nos permite adaptarnos, aprender y prosperar, transformando cada obstáculo en una oportunidad para fortalecernos y crecer.

7.- Una Armadura llamada Resiliencia

Así funciona un líder Consciente:

AUTÉNTICO
HONESTIDAD
ÉTICA
VALORES

TRASCENDENCIA   CONFIANZA

RESILIENTE
CARÁCTER
TEMPLANZA
AUTOCUIDADO

LÍDER CONSCIENTE

ASERTIVO
PERSPECTIVA
EMPATÍA
ESCUCHA ACTIVA

INFLUENCIA   COMUNICACIÓN

APASIONADO
MOTOR
DELEGACIÓN
INFLUENCIA

Cuando las cuatro cualidades únicas del líder consciente: autenticidad, asertividad, resiliencia y pasión trabajan en sintonía es cuando se puede alcanzar el mayor potencial, pues es cuando más confianza se genera en el equipo, cuando la comunicación fluye de la mejor manera, cuando la influencia es positiva y entonces el líder logra trascender.

8

Liderazgo Femenino, fuerza incansable

"Serás definido no solo por lo que logras, sino por cómo sobrevives".
Sheryl Sandberg

En el mundo moderno, el liderazgo consciente ha evolucionado para incorporar aspectos fundamentales como la empatía, la mejora continua, la creación de un impacto positivo y la ética. Sin embargo, un componente que ha cobrado gran relevancia es la inclusión, particularmente la de mujeres en posiciones de poder y liderazgo. La integración de mujeres en estos roles no es solo una cuestión de igualdad, sino que está transformando cómo avanzan las organizaciones y las sociedades hacia un futuro más equitativo y exitoso.

El liderazgo femenino aporta perspectivas y enfoques únicos que complementan y enriquecen la cultura organizacional. En particular, estudios muestran que empresas con una mayor representación femenina en sus niveles directivos tienden a ser más rentables y resilientes. Esto puede atribuirse a que las mujeres líderes a menudo adoptan un enfoque colaborativo y orientado al bienestar del equipo, reforzando la cohesión y fomentando un sentido de pertenencia. Estos entornos se convierten en espacios donde florecen la creatividad y la innovación, contribuyendo a un mayor compromiso y lealtad de los empleados.

Además, las mujeres en posiciones de liderazgo destacan en la implementación de políticas inclusivas, generando espacios de trabajo en los que todos los empleados se sienten valorados y escuchados. En un contexto en el que la diversidad de perspectivas es esencial para enfrentar los desafíos actuales, esta capacidad para fomentar la inclusión se convierte en una ventaja estratégica que impulsa a las organizaciones hacia un rendimiento superior y más sostenible.

En nuestra visión de liderazgo consciente, la inclusión de las mujeres en el mundo de los negocios no es solo una cuestión de justicia, sino también un imperativo estratégico. En nuestra empresa, el 75% de los puestos gerenciales y el 60% de los puestos directivos están ocupados por mujeres, lo cual ha generado un impacto significativo en los resultados. Este enfoque inclusivo ha mejorado la rentabilidad de la compañía en más de un 12%, incrementado la productividad en más de un 20% y optimizado nuestra operatividad, haciendo los procesos más ágiles y eficientes. El liderazgo femenino ha sido un catalizador de cambio y éxito, demostrando que la diversidad en la toma de decisiones impulsa a las organizaciones hacia un futuro más próspero y equilibrado.

La inclusión de mujeres en posiciones de liderazgo también representa un paso esencial hacia la justicia social. Garantizar que las mujeres tengan igualdad de oportunidades en los espacios de poder es fundamental para reducir las disparidades de género y construir una sociedad más equitativa. Al abrir estos espacios, las empresas no solo cumplen con su responsabilidad social, sino que también adquieren una ventaja competitiva significativa al acceder a un espectro más amplio de talentos y habilidades.

El liderazgo consciente hoy no puede ser completo sin una participación plena y significativa de las mujeres en todos los niveles de toma de decisiones. La capacidad del liderazgo femenino para generar cambios positivos, tanto en la cultura organizacional como en los resultados comerciales, lo convierte en un elemento clave para el éxito futuro de cualquier organización. A medida que enfrentamos los retos del siglo XXI, abrazar una perspectiva de liderazgo que valore y celebre la diversidad se convierte en una de las maneras más

8.- Liderazgo Femenino, fuerza incansable

efectivas de impulsar el progreso económico y social. La inclusión de mujeres en el liderazgo es mucho más que un objetivo; es un motor necesario para el avance y la sostenibilidad de nuestras sociedades.

1. El aporte único del liderazgo femenino: El liderazgo femenino aporta un enfoque que contrasta con el estilo jerárquico tradicional, históricamente dominante en muchas organizaciones. Las mujeres líderes, según diversos estudios, tienden a priorizar la empatía, la colaboración y la comunicación efectiva. Estas cualidades generan un ambiente de trabajo más inclusivo, donde el equipo puede expresarse con libertad, promoviendo así una mayor cohesión. A través de este enfoque relacional, las mujeres en posiciones de liderazgo fomentan la confianza y el respeto mutuo, elementos esenciales para que las ideas innovadoras y sostenibles tomen forma.

Un aspecto característico del liderazgo femenino es su vínculo con la inclusión y la diversidad. Con mayor frecuencia, las mujeres líderes demuestran sensibilidad ante las desigualdades y barreras estructurales, por lo que se inclinan a promover políticas que favorezcan la equidad dentro de sus equipos. Esto no solo beneficia la dinámica interna, al crear un entorno donde todos se sienten valorados, sino que además convierte a las organizaciones en un lugar atractivo para talentos diversos y en empresas mejor preparadas para competir en un mercado global.

2. El liderazgo consciente y la inclusión de mujeres en posiciones de poder: Incluir a las mujeres en roles de liderazgo no es únicamente una cuestión de justicia social; es una estrategia comprobada para fortalecer el rendimiento organizacional y la adaptabilidad. Organizaciones que cuentan con una representación significativa de mujeres en posiciones de liderazgo suelen obtener resultados financieros superiores y demuestran una capacidad notable para gestionar y superar desafíos complejos. Esto se explica en gran parte por la tendencia de las mujeres líderes a fomentar la colaboración, crear consensos y tomar decisiones que involucran múltiples perspectivas. A diferencia de los estilos jerárquicos tradicionales, el liderazgo femenino enfatiza el empoderamiento del equipo, lo cual no solo fortalece la moral, sino que también inspira la creatividad y fomenta estructuras flexibles, capaces de adaptarse a cambios y aprovechar oportunidades.

Un estudio realizado por el Peterson Institute for International Economics, por ejemplo, muestra que las empresas con al menos un 30% de mujeres en roles de liderazgo son significativamente más rentables que aquellas con menor representación femenina.[10] Este estudio, que analizó 21,980 empresas en 91 países, concluyó que una mayor representación femenina en roles ejecutivos y altos cargos ejecutivos está asociada con un aumento del 6% en el margen de beneficio neto de las empresas. Este hallazgo subraya la importancia de un liderazgo con visión a largo plazo y centrado en el bienestar colectivo. El enfoque en la resiliencia organizacional se convierte en un activo invaluable, en especial en tiempos de incertidumbre, y refuerza la capacidad de la organización para mantener su compromiso con sus valores mientras se adapta a los cambios del entorno.

3. Perspectiva global e innovación: El liderazgo femenino tiene un impacto global significativo, ya que las mujeres líderes traen consigo un enfoque que considera el bienestar social y ambiental en la toma de decisiones. Esto se vuelve especialmente relevante en un contexto que requiere soluciones innovadoras y sostenibles para enfrentar desafíos como el cambio climático y las crecientes desigualdades económicas.

---

10 *New Peterson Institute Research on over 21,000 Companies Globally Finds Women in Corporate Leadership Can Significantly Increase Profitability*.
https://www.piie.com/newsroom/press-releases/new-peterson-institute-research-over-21000-companies-globally-finds-women?id=241

8.- Liderazgo Femenino, fuerza incansable

Kristalina Georgieva, directora gerente del Fondo Monetario Internacional, ha sido una firme defensora de la inclusión de mujeres en roles de liderazgo económico. Bajo su dirección, el FMI ha enfatizado la necesidad de integrar valores humanos en sus políticas y de trabajar hacia un crecimiento económico que sea tanto inclusivo como sostenible. Su enfoque y el de otras líderes globales demuestra cómo un liderazgo que prioriza el bienestar colectivo puede lograr un impacto duradero en problemas de alcance mundial.

4. La inclusión como valor clave en el liderazgo consciente: Para que el liderazgo consciente tenga un efecto transformador, es fundamental que incluya una diversidad de voces y experiencias, especialmente la perspectiva femenina. La inclusión no es un mero principio ético; representa una herramienta poderosa que puede enriquecer las decisiones estratégicas, operativas y culturales de cualquier organización. Un líder consciente es consciente del valor de la diversidad y se compromete a promover un entorno donde todas las voces puedan contribuir al éxito colectivo.

Al fomentar un enfoque inclusivo, las organizaciones se vuelven más innovadoras y competitivas. La experiencia y habilidades que las mujeres aportan redefinen el concepto de liderazgo consciente, transformándolo en una fuerza positiva tanto dentro como fuera de la organización. Esto se traduce en una mayor adaptabilidad, ya que el equipo se fortalece al integrar diversas perspectivas y soluciones, creando así una cultura organizacional más resiliente y adaptable a cambios constantes.

5. Un nuevo paradigma de liderazgo para el futuro: En el liderazgo actual, ya no se trata de autoridad y control, sino de la capacidad para construir espacios inclusivos, empáticos y colaborativos. Las mujeres están a la vanguardia de este cambio, desempeñando un papel esencial en la transformación social y organizacional. Al integrarlas plenamente en posiciones de poder, se abre el camino hacia un futuro donde la diversidad de pensamiento y la empatía se convierten en fuerzas impulsoras para un cambio sostenible.

El liderazgo consciente, con su énfasis en la inclusión, potencia la capacidad de las organizaciones para enfrentar desafíos complejos y adaptarse al entorno cambiante. Un enfoque basado en la empatía y la colaboración es clave para construir una sociedad más inclusiva y justa, beneficiando tanto al ámbito empresarial como al tejido social en general. Al integrar estas prácticas inclusivas en cada nivel de liderazgo, se genera un impacto que va más allá de los resultados inmediatos y se convierte en un motor para el progreso a largo plazo, capaz de transformar no solo organizaciones, sino también comunidades enteras.

Liderazgo Femenino Transformador

"He aprendido a arriesgarme a hacer cosas nuevas. El crecimiento y la comodidad no pueden coexistir".
Virginia Rometty

En el panorama actual, el liderazgo femenino ha demostrado ser una fuerza transformadora en diversas áreas, desde la política y la economía hasta la cultura y el entretenimiento. A continuación, exploramos algunos ejemplos destacados de mujeres cuyas trayectorias han marcado un impacto en sus respectivos campos y que ilustran el poder de la resiliencia, el carácter y la autenticidad en el liderazgo.

1. Jacinda Ardern – Ex Primera Ministra de Nueva Zelanda: Un ejemplo emblemático de liderazgo basado en la empatía y el compromiso con la comunidad. Durante su mandato, de 2017 a 2023, enfrentó desafíos complejos, como la pandemia de COVID-19 y los ataques terroristas en Christchurch. Ante estas crisis, Ardern se

8.- Liderazgo Femenino, fuerza incansable

mostró firme y compasiva, priorizando siempre el bienestar de los ciudadanos y demostrando un liderazgo que buscaba unir a la sociedad en momentos de extrema vulnerabilidad. Su capacidad para actuar rápidamente y al mismo tiempo escuchar a quienes más lo necesitaban le permitió fortalecer el tejido social en momentos de crisis. Ardern resaltó el poder de la inclusión y el respeto en sus decisiones, inspirando a otras naciones y demostrando que el liderazgo efectivo requiere una combinación de valentía y empatía.

2. Mary Barra – CEO de General Motors: Como primera mujer en liderar una de las mayores empresas automotrices del mundo, Mary Barra ha demostrado cómo el liderazgo consciente puede transformar una industria tradicional. Barra tomó las riendas de General Motors con una visión clara para el futuro sostenible de la empresa, impulsando el desarrollo de vehículos eléctricos y tecnologías de conducción autónoma. Este enfoque no solo responde a las tendencias del mercado, sino que también se alinea con un compromiso ético hacia la sostenibilidad ambiental. En un sector donde históricamente predominan enfoques jerárquicos, Barra ha promovido una cultura de innovación y trabajo en equipo. Al desafiar las expectativas establecidas y fomentar el cambio hacia prácticas más responsables, Barra ha demostrado que el liderazgo consciente y la responsabilidad ambiental pueden coexistir y fortalecer la competitividad empresarial.

3. Kristalina Georgieva – Directora Gerente del Fondo Monetario Internacional (FMI): Asumió el liderazgo del FMI en 2019, en un periodo marcado por desafíos económicos globales. Su enfoque en un crecimiento inclusivo y sostenible ha redefinido el papel de la institución, destacando la importancia de las políticas que promueven tanto la estabilidad financiera como la equidad social. Georgieva ha impulsado reformas que integran la sostenibilidad ambiental en las decisiones económicas, enfatizando la necesidad de incluir a las economías en desarrollo en la conversación global. Su liderazgo es un claro ejemplo de cómo la experiencia y la ética pueden guiar a una institución a tomar decisiones que beneficien a las poblaciones más vulnerables, y su capacidad para mantenerse firme en sus valores ha reforzado la misión del FMI en tiempos de incertidumbre.

4. Ursula von der Leyen – Presidenta de la Comisión Europea: Desde su puesto, ha llevado la lucha contra el cambio climático y la igualdad de género a la vanguardia de su agenda. A través del Pacto Verde Europeo, von der Leyen busca transformar a Europa en un continente climáticamente neutro para 2050, priorizando políticas ambientales que son cruciales para el futuro del planeta. Además, ha liderado la respuesta de la Unión Europea a la pandemia de COVID-19, coordinando esfuerzos de vacunación y apoyando la recuperación económica de los países miembros. Su liderazgo refleja una visión estratégica que combina objetivos ambientales, económicos y sociales, subrayando que el liderazgo consciente implica un enfoque holístico que aborda múltiples necesidades de manera interconectada. La capacidad de von der Leyen para asumir el liderazgo en temas complejos, con un enfoque que abarca desde la sostenibilidad hasta la inclusión social, redefine el papel de la Unión Europea en el escenario mundial.

5. Ngozi Okonjo-Iweala – Directora General de la Organización Mundial del Comercio (OMC): Como la primera mujer y la primera africana en liderar la Organización Mundial del Comercio, Ngozi Okonjo-Iweala ha puesto en marcha una agenda centrada en revitalizar el sistema comercial global para que sea más justo y accesible. Antes de unirse a la OMC, su experiencia como Ministra de Finanzas en Nigeria y su trayectoria en el Banco Mundial le brindaron una perspectiva única sobre las necesidades de las economías en desarrollo. En su cargo actual, Okonjo-Iweala ha abogado por la inclusión de estas economías en la toma de decisiones globales, promoviendo un sistema de comercio que favorezca el crecimiento equitativo. Al enfocarse en una economía global más inclusiva, su liderazgo destaca cómo la resiliencia y el compromiso con la justicia social pueden orientar políticas que beneficien a países de diversos niveles de desarrollo.

6. Shonda Rhimes – Productora y Escritora de Televisión: Ha revolucionado la industria del entretenimiento mediante un enfoque inclusivo y narrativas que visibilizan la diversidad cultural. Como creadora de éxitos televisivos como *Grey's Anatomy* y *Bridgerton*, ha contado historias que reflejan las complejidades de la experiencia humana y ha desafiado las normas establecidas en una industria conocida por su falta de diversidad. Rhimes también ha abierto oportunidades para otras mujeres y minorías, estableciendo un liderazgo cultural que se enfoca en la autenticidad y en la representación. Su visión no solo ha entretenido, sino que también ha influido en el cambio social, mostrando que el liderazgo puede empoderar y representar a comunidades diversas. Rhimes ha construido un imperio creativo basado en su habilidad para contar historias que resuenan a nivel global, impulsando un cambio positivo a través de la cultura y la representación inclusiva.

Estas mujeres han redefinido lo que significa liderar en un mundo complejo, cada una aportando su enfoque y habilidades únicas. Al centrarse en la empatía, la resiliencia, el carácter y la autenticidad, han creado impactos duraderos que van más allá de sus organizaciones. Estas líderes han impulsado un cambio significativo en sus sectores y han sido pioneras en promover una cultura de liderazgo inclusiva y comprometida con el bienestar de la sociedad.

A medida que exploramos cómo el liderazgo femenino está configurando el futuro, es esencial reconocer los desafíos y avances que aún existen. La siguiente sección, Las mujeres y el liderazgo en 10 puntos, examina de manera más detallada las estadísticas y tendencias que reflejan el progreso hacia una mayor inclusión y paridad de género. Este análisis destaca cómo el liderazgo femenino sigue siendo una fuerza poderosa y esencial para enfrentar los retos del siglo XXI y construir una sociedad más equitativa y justa.

Las mujeres y el liderazgo en 10 puntos:

"Si no tuviéramos invierno, la primavera no sería tan placentera; si a veces no probáramos la adversidad, la prosperidad no sería tan bienvenida".
Anne Bradstreet

En este contexto, donde la diversidad y la equidad son esenciales para un liderazgo consciente, resulta fundamental comprender cómo el avance de las mujeres en posiciones de poder está transformando tanto a las organizaciones como a las sociedades. A continuación, se presentan diez puntos que ofrecen una visión del estado actual y los beneficios del liderazgo femenino, así como los desafíos que persisten. Estos datos subrayan la importancia de la inclusión y el valor de promover entornos donde las mujeres puedan prosperar y contribuir plenamente:

1. Presencia en Roles de Liderazgo: A nivel global, las mujeres representaron el 31% de los roles de liderazgo en 2022, con variaciones significativas entre industrias. Mientras que sectores como las ONG (47%) y la educación (46%) destacan por su paridad, otros, como la energía y la manufactura, tienen menos del 20% de mujeres en roles directivos (World Economic Forum). Este contraste refleja el avance en algunas áreas y las barreras persistentes en otras, probablemente debido a factores culturales y estructurales específicos de cada industria.

2. Representación en Altos Cargos Ejecutivos: Las mujeres ocuparon el 26% de los puestos de CEO o directores generales en 2021, lo que representa una mejora respecto al 15% de 2019

(McKinsey & Company). Aunque alentador, este dato muestra que el liderazgo femenino en niveles ejecutivos todavía enfrenta desafíos. ¿Qué factores pueden ayudar a acelerar este crecimiento? Resulta crucial considerar cómo la mentoría y el acceso a redes influyentes pueden desempeñar un papel importante en este progreso.

3. Cultura Inclusiva y Colaborativa: Las empresas con mujeres en roles de liderazgo tienen casi el doble de probabilidades de ser consideradas inclusivas, lo cual fomenta una cultura organizacional equitativa y colaborativa (Leadership Development & Assessment). Un entorno de este tipo no solo mejora la moral de los empleados, sino que también contribuye a una mayor retención de talento, lo que impacta de manera positiva en la estabilidad y el crecimiento a largo plazo de la organización.

4. Prioridades en el Liderazgo: Aproximadamente el 42% de las mujeres en roles de liderazgo indican que se preocupan más por mantener el compromiso del equipo, en comparación con sus pares masculinos, que tienden a enfocarse más en tecnologías emergentes (Leadership Development & Assessment). Este enfoque en el bienestar del equipo sugiere que las mujeres líderes priorizan la cohesión interna y el desarrollo de relaciones significativas, elementos esenciales para enfrentar los desafíos y alcanzar el éxito organizacional.

5. Presencia en Empresas Fortune 500: En la actualidad, el 23% de las empresas Fortune 500 tienen mujeres en roles de CEO, una cifra que, si bien sigue siendo baja, muestra un crecimiento (McKinsey & Company). La limitada representación femenina en estos niveles ejecutivos pone de manifiesto la necesidad de apoyar el crecimiento profesional de las mujeres y garantizar que existan oportunidades equitativas para todas.

6. Retención y Compromiso en STEM: En áreas como Ciencia, Tecnología, Ingeniería y Matemáticas (STEM), las mujeres están 1.8 veces más preocupadas por la retención y el compromiso de los empleados que sus colegas masculinos (Leadership Development & Assessment). Este enfoque evidencia que las mujeres en estas áreas enfrentan desafíos específicos y, al mismo tiempo, aportan una perspectiva orientada al fortalecimiento del equipo, esencial en industrias que dependen de la innovación y la colaboración continua.

7. Participación Política a Nivel Local: A nivel global, las mujeres representan el 35.5% de los cargos electos a nivel local, reflejando un progreso en la representación política, aunque aún lejos de la paridad completa (McKinsey & Company). Este dato subraya la relevancia del liderazgo femenino no solo en el ámbito corporativo, sino también en el desarrollo y administración de políticas públicas inclusivas, fundamentales para una gobernanza justa y equitativa.

8. Desigualdad en la Mentoría: Solo el 24% de las mujeres líderes han tenido acceso a un mentor formal, en comparación con el 30% de los hombres (Leadership Development & Assessment). Esta brecha en el acceso a la mentoría puede limitar el desarrollo profesional de las mujeres, resaltando la necesidad de que las organizaciones implementen programas que promuevan un liderazgo inclusivo y accesible para todas y todos.

9. Avances en la Representación en Liderazgo Senior: Las organizaciones que promueven la inclusión femenina en roles de liderazgo senior han experimentado un aumento en la representación femenina, que pasó del 33.3% en 2016 al 36% en la actualidad (World Economic Forum). Este crecimiento gradual destaca la importancia de crear políticas y prácticas de contratación y promoción que respalden la equidad de género en todos los niveles de la organización.

10. Proyección hacia la Paridad de Género: A este ritmo de avance, se estima que tomará 48 años alcanzar la paridad de género en roles de vicepresidente senior y ejecutivos de alto nivel (C-suite) en empresas de EE. UU. (McKinsey & Company). Esta cifra subraya la necesidad urgente de implementar medidas que aceleren este progreso y motiven a las organizaciones a cuestionar y transformar sus prácticas, sentando las bases de un futuro más equitativo.

Estas estadísticas muestran tanto los logros alcanzados como los desafíos pendientes en el camino hacia la representación equitativa de las mujeres en liderazgo. Al reconocer los avances y confrontar los obstáculos restantes, los líderes pueden adoptar un enfoque más proactivo hacia la inclusión y la equidad. ¿Qué acciones están dispuestos a tomar para cerrar estas brechas? La respuesta no depende únicamente de los esfuerzos individuales, sino de un compromiso colectivo para construir entornos en los que todas las voces tengan el mismo valor y la misma oportunidad de liderar.

Inspiración para el Cambio Social

Tras explorar las cifras y tendencias que reflejan el avance de las mujeres en el liderazgo, es fundamental reconocer el impacto positivo que sus valores han tenido y continúan teniendo en nuestra sociedad. Cualidades como la empatía, el cuidado, la resiliencia, la autenticidad y la fortaleza —a menudo vinculadas con el enfoque femenino— representan un conjunto de herramientas transformadoras que no solo fortalecen el ámbito profesional, sino que también impulsan el cambio social de una manera profunda. Estos valores, forjados a través de experiencias que incluyen el liderazgo en contextos familiares y comunitarios, nos ofrecen un modelo de liderazgo que enriquece nuestra convivencia y fomenta un futuro más equitativo e inclusivo.

A lo largo de la historia, las mujeres han enfrentado una variedad de desafíos, desarrollando habilidades de cuidado y protección en diferentes áreas de la vida, especialmente en el entorno familiar. Esta experiencia, que a menudo implica equilibrar responsabilidades de liderazgo y de cuidado, fomenta una capacidad única para escuchar, comprender y actuar con empatía. Aunque estas cualidades suelen asociarse al espacio familiar, sus principios son igualmente valiosos para la sociedad en general. ¿Qué impacto positivo podríamos ver en nuestras comunidades si más líderes adoptaran la empatía y el cuidado como guías fundamentales en sus decisiones?

La resiliencia es otra cualidad fundamental, desarrollada a través de la superación de obstáculos y la adaptación ante la adversidad. En muchos casos, las mujeres no solo han cultivado esta capacidad en el hogar, sino también en el ámbito profesional, donde enfrentan estructuras que no siempre facilitan su inclusión. Esta resiliencia, forjada en experiencias tangibles, se convierte en una fortaleza invaluable para quienes desean liderar desde la consciencia. La perseverancia y la habilidad para adaptarse sin perder la integridad son cualidades que todos los líderes, sin importar su género, pueden adoptar para lograr un cambio significativo.

Además, la autenticidad, nutrida por el autoconocimiento y reforzada con la ética y el carácter, es esencial para tomar decisiones coherentes con valores profundos. A través de roles familiares y comunitarios, las mujeres han cultivado esta cualidad, generando conexiones que inspiran y promueven la confianza. La autenticidad no solo fortalece las relaciones dentro de los equipos, sino que también invita a los demás a actuar con honestidad. ¿Cómo sería nuestra sociedad si todos pudiéramos adoptar la autenticidad como un pilar fundamental en nuestras interacciones?

8.- Liderazgo Femenino, fuerza incansable

Integrar estos valores en el liderazgo consciente es un paso hacia una sociedad más equitativa y solidaria. Los líderes que incorporan estas cualidades, muchas de las cuales han sido fortalecidas en las mujeres, se convierten en agentes de cambio transformador. No se trata de sustituir una forma de liderazgo por otra, sino de enriquecer el liderazgo colectivo con una mezcla de capacidades que generen un impacto más amplio y duradero.

En un mundo donde el éxito se mide con frecuencia en términos de logros individuales, la empatía y el compromiso con el bienestar de los demás aportan una visión diferente: una que promueve la solidaridad y el beneficio mutuo. Cultivar estos valores y aplicarlos en la vida diaria representa una oportunidad para avanzar hacia un modelo de convivencia más justo y sostenible. Al integrar la fuerza de estos principios en nuestro propio liderazgo, no solo fortalecemos nuestras organizaciones y comunidades, sino que también sembramos las semillas de un cambio social que beneficia a todos.

A estas alturas del libro, deberías tener una comprensión más profunda del liderazgo consciente, su potencial y cómo aplicarlo de manera efectiva. Ahora es el momento de reflexionar y maximizar lo que has aprendido. Te invito a que revises el papel donde, al inicio de este libro, respondiste a las siguientes preguntas:

- ¿Qué espero de este libro?
- ¿Qué quiero lograr después de leerlo?
- ¿Qué tipo de líder quiero ser?

A partir de aquí, añade o ajusta cualquier aspecto que consideres importante, siendo lo más detallado posible. Recuerda establecer plazos concretos para tus objetivos, ya que esto hará que el ejercicio sea mucho más poderoso y efectivo.

9

Ser Introvertido, ¿Debilidad o Fortaleza?

"Solo aquellos que están dormidos no cometen errores".
Ingvar Kamprad

En la sociedad actual, el liderazgo se asocia a menudo con una personalidad extrovertida y carismática, en la que el líder es visible, directo y enérgico. Sin embargo, el liderazgo consciente nos invita a reconsiderar esta visión y a entender que el verdadero poder de un líder no radica en su capacidad de captar la atención, sino en su habilidad para inspirar y transformar desde la reflexión y la autenticidad. Este enfoque inclusivo nos lleva a apreciar que el liderazgo eficaz puede surgir de personas introvertidas, cuyas cualidades son fundamentales en entornos donde se valoran la autoconciencia, la empatía y la toma de decisiones conscientes.

Los introvertidos aportan una perspectiva única al liderazgo consciente, enfocándose en la escucha activa, el análisis profundo y el apoyo genuino hacia los demás. Sin embargo, estos mismos atributos suelen estar en contraste con las expectativas tradicionales que definen el liderazgo. Para comprender plenamente el impacto y la efectividad de los líderes introvertidos, es esencial primero examinar los mitos y estereotipos que existen en torno a la introversión. Estos mitos no solo limitan la percepción de lo que significa liderar, sino que también obstaculizan la diversidad de enfoques en la toma de decisiones y en la construcción de equipos sólidos.

A lo largo de este capítulo, exploraremos cómo los líderes introvertidos encarnan valores clave del liderazgo consciente a través de sus propias fortalezas. Abordaremos los estereotipos que han moldeado nuestra percepción de la introversión y analizaremos cómo superar estas creencias para entender el valor único que los introvertidos traen a cualquier organización o comunidad. Al desafiar estos mitos, descubriremos que el liderazgo consciente no solo abraza la diversidad de personalidades, sino que permite que cada individuo —sea extrovertido o introvertido— contribuya de acuerdo a sus habilidades y perspectivas singulares.

Mitos y Estereotipos sobre la Introversión

El liderazgo introvertido enfrenta varios mitos y estereotipos que limitan nuestra percepción de sus capacidades. Estas ideas preconcebidas nos invitan a reconsiderar qué significa ser un líder efectivo y cuestionar las expectativas tradicionales que la sociedad ha construido alrededor de este rol. A continuación, abordamos algunos de estos estereotipos y exploramos cómo el liderazgo introvertido demuestra que la efectividad no depende de los atributos convencionales, sino de una gama diversa de cualidades.

Mito 1: El líder fuerte es siempre el más visible

En la mayoría de las organizaciones, la fuerza de un líder se asocia con su presencia y visibilidad, como si la eficacia dependiera de ocupar constantemente el centro de atención. Sin embargo, esta visión olvida que el verdadero liderazgo no reside en el protagonismo, sino en la capacidad de guiar y apoyar de manera auténtica y estratégica. Los líderes introvertidos desafían esta noción al actuar desde un espacio de observación y reflexión, eligiendo cuándo y cómo intervenir para maximizar el impacto. En lugar de imponer su voz, un líder introvertido crea un espacio de confianza donde los miembros del equipo se sienten valorados y escuchados. Esta presencia más sutil, pero profundamente significativa, invita a la colaboración y al compromiso colectivo.

Mito 2: La introversión implica falta de habilidades sociales

Existe una idea errónea de que los introvertidos carecen de habilidades para conectarse con otros y, por lo tanto, no pueden cultivar relaciones significativas. Sin embargo, la calidad de una relación no depende de la cantidad de interacciones, sino de la profundidad de cada una. Los líderes introvertidos suelen establecer conexiones más auténticas porque priorizan el escuchar sobre el hablar, y la comprensión sobre la imposición. Esta capacidad para observar y comprender las emociones de los demás les permite construir relaciones de confianza. En lugar de tratar de impresionar a través de la cantidad de interacciones, un líder introvertido valora las conexiones significativas, generando un ambiente donde cada conversación tiene un propósito y cada miembro del equipo se siente genuinamente escuchado y respetado.

Mito 3: Los introvertidos carecen de pasión y ambición

Se suele interpretar la tranquilidad de los introvertidos como una falta de entusiasmo o motivación. Sin embargo, la pasión no siempre se expresa a través de gestos o palabras vibrantes. En cambio, los líderes introvertidos canalizan su compromiso de manera silenciosa y constante. Su ambición es profunda y personal, orientada hacia objetivos a largo plazo que requieren dedicación y persistencia. Estos líderes no buscan reconocimiento inmediato; más bien, su energía se centra en crear un impacto duradero a través de su trabajo reflexivo. Este tipo de ambición tranquila impulsa a los líderes introvertidos a seguir adelante, incluso en los momentos difíciles, enfocándose en el crecimiento y la sostenibilidad antes que en las recompensas externas.

Mito 4: Los introvertidos no pueden liderar en tiempos de crisis

En situaciones de alta presión, es fácil pensar que el liderazgo efectivo requiere de reacciones rápidas y visibles. Sin embargo, los líderes introvertidos muestran que la calma y la capacidad de reflexión pueden ser mucho más útiles en momentos de crisis. Su enfoque metódico y su habilidad para analizar permiten que tomen decisiones meditadas, que no solo abordan el problema inmediato, sino que también consideran sus implicaciones a largo plazo. Esta tranquilidad, lejos de ser un obstáculo, proporciona estabilidad y una dirección clara al equipo en medio de la incertidumbre. Al enfrentar una crisis, un líder introvertido puede evaluar diferentes perspectivas y diseñar una estrategia que considere tanto las necesidades actuales como las futuras, demostrando que el liderazgo consciente también implica pausar y reflexionar.

Mito 5: Los introvertidos no inspiran a otros

Es común creer que la inspiración debe ser contagiosa y enérgica para motivar a otros, como si solo un carisma expansivo pudiera movilizar a un equipo. Sin embargo, los líderes introvertidos inspiran de manera más silenciosa y auténtica. No buscan manipular emociones, sino actuar con coherencia y ser un ejemplo de compromiso con sus valores. Esta forma de liderazgo inspira a través del respeto y la integridad, y su autenticidad les permite crear una cultura de transparencia y honestidad en el equipo. En lugar de intentar motivar a otros con discursos impactantes, los líderes introvertidos motivan a través de su coherencia y de un compromiso que no necesita alardes para ser percibido y valorado.

Superar estos estereotipos sobre la introversión es esencial para entender cómo el liderazgo introvertido contribuye a un entorno de trabajo más equilibrado y consciente. Cada mito desafía una idea arraigada sobre la autoridad y la eficacia, y los líderes introvertidos, al abordarlos desde un enfoque auténtico y reflexivo, muestran que el liderazgo efectivo no tiene una sola forma o voz. A medida que se valora cada vez más el liderazgo consciente, es fundamental reconocer que las cualidades que traen los introvertidos enriquecen las organizaciones y contribuyen a una cultura de respeto, inclusión y sostenibilidad.

Los Líderes Introvertidos y el Liderazgo Consciente

Los líderes introvertidos tienen un enfoque único y valioso para el liderazgo consciente. Sus habilidades en la escucha activa, la resiliencia ante la adversidad, la creatividad y la innovación, el enfoque analítico, y la capacidad de empoderar a otros los hacen destacar en entornos donde la reflexión y el cuidado en las relaciones interpersonales son esenciales. Lejos de los estereotipos que sugieren que solo los extrovertidos pueden liderar con éxito, los introvertidos muestran que el liderazgo no se trata de ser la voz más fuerte, sino de ser el más reflexivo, empático y estratégico. Así, el liderazgo consciente incluye y empodera a todos los individuos, independientemente de su personalidad, para que lideren basándose en sus fortalezas únicas.

La importancia de empoderar a cada miembro del equipo, independientemente de su nivel o personalidad, es fundamental en el liderazgo consciente. Las personas introvertidas pueden ser líderes altamente efectivos gracias a su capacidad para escuchar, analizar y abordar situaciones con calma y previsión. Este enfoque coincide con el de Matthew Pollard en su libro *The Introvert's Edge to Networking*, donde describe cómo los introvertidos pueden usar sus fortalezas naturales para destacar en el ámbito de la creación de redes y el networking, áreas tradicionalmente desafiantes para ellos. A continuación, exploramos cinco cualidades introvertidas que se aplican tanto al liderazgo consciente como al enfoque de networking de Pollard:

1. Escucha Activa como Fortaleza: La habilidad para escuchar activamente permite a los líderes introvertidos generar confianza y crear una cultura de respeto y empatía dentro de sus equipos. En el liderazgo consciente, la escucha activa facilita una comprensión profunda de las necesidades y preocupaciones de los demás, y sienta las bases para una colaboración auténtica. Pollard destaca esta misma habilidad como una herramienta fundamental para conectar a un nivel más profundo, comprendiendo mejor las necesidades de los demás y ofreciendo soluciones personalizadas. De este modo, tanto en la gestión de un equipo como en la creación de relaciones, los líderes introvertidos son capaces de captar matices y construir vínculos de calidad.

2. Resiliencia ante los Desafíos: Los líderes introvertidos suelen manejar situaciones difíciles con calma y resiliencia. Al no buscar protagonismo ni reaccionar impulsivamente, son capaces de evaluar todas las opciones antes de actuar, lo cual es fundamental en momentos de alta presión. Pollard observa que los introvertidos, por su enfoque metódico y menos reactivo, desarrollan relaciones sólidas y duraderas, construyendo conexiones resilientes a lo largo del tiempo. De la misma forma, en el liderazgo consciente, esta capacidad de enfrentar la adversidad de manera estratégica inspira confianza en el equipo y fomenta un entorno de estabilidad.

3. Fomentar la Innovación a través de la Reflexión: La introspección y el análisis son características comunes en los líderes introvertidos, lo que los convierte en agentes de creatividad e innovación. Al dedicar tiempo a la reflexión, pueden identificar oportunidades y generar ideas originales. Pollard observa que esta misma habilidad analítica permite a los introvertidos anticiparse y prepararse a fondo antes de cada interacción importante. En el liderazgo consciente, esta capacidad de anticiparse a los desafíos y crear soluciones transformadoras es clave para mantener a un equipo motivado e inspirado. Así, los líderes introvertidos encuentran en la reflexión una fuente poderosa de innovación.

4. Capacidad para Empoderar a Otros: Los líderes introvertidos sobresalen en empoderar a sus equipos, prefiriendo delegar y permitir que los miembros tomen decisiones de manera autónoma. Esto genera un entorno de respeto mutuo, en el que cada miembro del equipo se siente valorado y motivado. Pollard observa que los introvertidos, al construir relaciones basadas en el respeto y la confianza, son capaces de fortalecer a otros, creando conexiones de apoyo mutuo. En el contexto del liderazgo consciente, este empoderamiento es esencial para el desarrollo personal y profesional de cada miembro del equipo, contribuyendo a una cultura de colaboración y crecimiento compartido.

5. Autenticidad como Herramienta de Liderazgo: La autenticidad es un elemento crucial en el liderazgo consciente, ya que permite a los líderes actuar en congruencia con sus valores y promover un ambiente donde todos se sientan inspirados a ser ellos mismos. Pollard señala que los introvertidos tienen una ventaja al enfocarse en conexiones profundas y significativas. En el liderazgo, esta autenticidad permite a los introvertidos crear un entorno donde cada miembro del equipo puede aportar su perspectiva única y colaborar de manera auténtica. Al ser transparentes sobre sus intenciones y valores, los líderes introvertidos promueven un ambiente de confianza duradera y respeto.

Así, el enfoque de Pollard en *The Introvert's Edge to Networking* y el liderazgo consciente coinciden en la importancia de maximizar las fortalezas naturales de los introvertidos. Sus habilidades de empatía, resiliencia, creatividad, empoderamiento y autenticidad no solo los hacen buenos líderes, sino también efectivos en la construcción de relaciones significativas y duraderas. Al aprovechar sus fortalezas naturales, los líderes introvertidos tienen el potencial de generar un impacto profundo en sus organizaciones y en las conexiones que construyen, trascendiendo los estereotipos y redefiniendo el éxito en términos de integridad, estrategia y transformación.

Cualidades Valiosas del Líder Introvertido

Los introvertidos son a menudo observadores y pensadores profundos, características que no solo los enriquecen en términos personales, sino que les confieren habilidades estratégicas valiosas para el liderazgo. A continuación, exploramos cómo ciertas cualidades de los líderes introvertidos —la empatía, la resiliencia, la creatividad, la capacidad analítica y el empoderamiento de otros— encajan naturalmente en un modelo de liderazgo consciente y transformador. Cada uno de estos puntos se ilustra con ejemplos de personajes introvertidos que han demostrado el valor de estas cualidades en situaciones concretas.

1. Empatía y Escucha Activa: La empatía y la capacidad de escuchar son cualidades fundamentales en el liderazgo consciente. Los líderes introvertidos, en particular, sobresalen en estos aspectos gracias a su tendencia a observar y escuchar antes de actuar. Este enfoque les permite conectar genuinamente con otros y crear un entorno de confianza y respeto mutuo. Al priorizar la escucha activa, estos líderes son capaces de comprender las necesidades y preocupaciones de su equipo, promoviendo un ambiente en el que todos se sienten valorados y apoyados.

Mahatma Gandhi, un líder profundamente introspectivo, encarna este tipo de liderazgo basado en la empatía. Durante su lucha por la independencia de la India, Gandhi no solo abogaba por la resistencia pacífica, sino que escuchaba atentamente a la gente común, entendiendo sus dificultades y preocupaciones. En 1930, organizó la famosa Marcha de la Sal, en la que recorrió más de 380 km junto con miles de personas. Esta acción fue un testimonio de su compromiso con las causas populares y su habilidad para escuchar a quienes sufrían bajo las injusticias coloniales. A través de su capacidad de empatía y escucha, Gandhi inspiró a un movimiento masivo y demostró cómo estas cualidades pueden ser potentes motores de cambio.

2. Resiliencia y Tranquilidad bajo Presión: En momentos de crisis, la capacidad para mantener la calma y enfrentar la adversidad con resiliencia es esencial. Los líderes introvertidos suelen destacar en estos contextos, ya que su enfoque tranquilo y su capacidad para evaluar la situación con detenimiento les permite actuar de manera racional y eficaz. Esta serenidad en medio de la presión no solo les ayuda a tomar decisiones acertadas, sino que también inspira confianza en su equipo, promoviendo un ambiente de estabilidad incluso en situaciones de incertidumbre.

Ingvar Kamprad, el fundador de IKEA, demostró esta resiliencia a lo largo de su carrera, especialmente durante las crisis financieras que la empresa enfrentó en los años noventa. Durante una de estas crisis, Kamprad optó por implementar la estrategia de mantener precios accesibles y enfocarse en la eficiencia. Aunque algunos directivos dudaban, él mantuvo su postura y continuó priorizando la visión de "muebles accesibles para todos". Este enfoque calmado y reflexivo permitió que IKEA superara dificultades económicas mientras mantenía su misión central. Kamprad transformó la adversidad en oportunidades de fortalecimiento empresarial, demostrando cómo la resiliencia y la tranquilidad son pilares de un liderazgo efectivo.

3. Creatividad e Innovación: La creatividad y la innovación suelen prosperar en un ambiente de reflexión y análisis. Los líderes introvertidos, al pasar tiempo en introspección, tienden a desarrollar ideas innovadoras y a anticiparse a los cambios, cualidades que son fundamentales en un entorno de liderazgo consciente. Al no sentirse presionados a reaccionar de inmediato, los introvertidos pueden explorar soluciones únicas a los desafíos, integrando perspectivas frescas que benefician a su organización a largo plazo.

Oprah Winfrey, aunque conocida por su poderosa presencia mediática, es en esencia una líder introspectiva que ha utilizado su capacidad reflexiva para impulsar la innovación en su campo. Un ejemplo concreto de esta creatividad es el lanzamiento de *OWN*, su propia red de televisión, en 2011. Al fundar esta plataforma, Oprah no solo amplió su influencia, sino que también diversificó el contenido televisivo al abordar temas de bienestar y autodescubrimiento. Este enfoque diferenciado, alimentado por su habilidad de introspección, permitió a Oprah crear un espacio que conecta emocionalmente con su audiencia y demuestra que la creatividad puede ser un motor para la transformación.

4. Capacidad de Análisis: La capacidad analítica es una característica clave de los líderes introvertidos, quienes suelen dedicar tiempo a reflexionar y considerar cuidadosamente las implicaciones de sus decisiones. Este enfoque meticuloso les permite evaluar múltiples variables y tomar decisiones informadas, especialmente en situaciones complejas. En un mundo donde la información es cada vez más valiosa, esta habilidad analítica convierte a los introvertidos en líderes estratégicos capaces de generar un impacto sostenido y significativo.

Warren Buffett, uno de los inversores más exitosos del mundo, es un ejemplo notable de cómo la capacidad analítica puede llevar al éxito. Buffett es conocido por su proceso de análisis exhaustivo antes de tomar decisiones de inversión. Un caso representativo fue su decisión de invertir en Coca-Cola en 1988, una compra que consideró tras analizar durante años la trayectoria de la compañía, su valor de marca y el potencial de crecimiento a largo plazo. Esta capacidad de análisis no solo le ha permitido a Buffett tomar decisiones acertadas, sino que también demuestra cómo un enfoque reflexivo y detallado puede conducir a un éxito financiero duradero.

5. Empoderamiento de los Equipos: Los líderes introvertidos son también excelentes en el empoderamiento de sus equipos, prefiriendo delegar responsabilidades y promover la autonomía en lugar de centralizar el control. Esta capacidad para confiar en otros y permitirles desarrollar sus propias habilidades fomenta una cultura organizacional inclusiva y colaborativa. Al empoderar a su equipo, los líderes introvertidos crean un entorno en el que todos tienen la oportunidad de contribuir y liderar, lo que fortalece la cohesión y el compromiso.

Sundar Pichai, CEO de Google, ha construido su liderazgo alrededor de esta filosofía. En lugar de acaparar el protagonismo, Pichai fomenta una cultura en la que los empleados son alentados a experimentar y a desarrollar sus propias ideas. Durante el desarrollo de Google Chrome, Pichai permitió que su equipo experimentara y tomara decisiones clave para el diseño del navegador, otorgándoles la confianza y el espacio necesario para innovar. Este enfoque no solo ha contribuido al éxito continuo de Google, sino que también ha creado un ambiente de autonomía y respeto mutuo. La habilidad de Pichai para delegar y empoderar a su equipo resalta cómo el liderazgo introvertido puede promover el crecimiento individual y colectivo, fortaleciendo la organización de manera integral.

Herramientas Prácticas para el Líder Introvertido

Las fortalezas naturales de un líder introvertido no solo son cualidades valiosas, sino que también se convierten en habilidades que pueden cubrir y hasta mejorar áreas donde falta la extroversión. Estas prácticas te ayudarán a capitalizar tus talentos únicos y a enfrentar situaciones complejas de manera auténtica y efectiva:

1. Comunicación Escrita como Conexión Profunda: Si bien hablar en público puede no ser tu actividad preferida, la comunicación escrita te permite expresar tus ideas de manera profunda y considerada. Aprovecha esta fortaleza para compartir ideas y mensajes a través de correos, informes o notas bien estructuradas. Esta capacidad de reflexionar antes de comunicar te ayuda a articular tus pensamientos con claridad, fortaleciendo la comprensión y el impacto de tus palabras entre el equipo.

2. Tiempo a Solas para Reflexión Estratégica: Mientras otros pueden preferir la interacción constante, los líderes introvertidos encuentran su ventaja en la reflexión y planificación. Reserva tiempo para pensar a fondo en objetivos a largo plazo, analizar desafíos potenciales y desarrollar estrategias. Esta práctica te permite anticipar problemas con mayor claridad y responder a situaciones complejas de manera bien estructurada, manteniéndote siempre un paso adelante.

3. Escucha Activa como Herramienta de Empatía: La escucha activa es una herramienta poderosa que permite conectar profundamente con los demás. Aprovecha esta habilidad para comprender las necesidades y preocupaciones de tu equipo, mostrándote receptivo y creando un entorno de apoyo. Escuchar antes de actuar no solo fomenta un ambiente de respeto, sino que también te permite recoger ideas y puntos de vista que quizás otros pasarían por alto, fortaleciendo tu liderazgo y la confianza del equipo en momentos cruciales.

4. Creatividad a Través de la Introspección: La introspección te da la capacidad de sumergirte en la creatividad, especialmente en momentos de calma y reflexión. Al dedicar tiempo a pensar en soluciones únicas y enfoques innovadores, puedes abordar desafíos desde perspectivas frescas. Utiliza esta habilidad para proponer ideas transformadoras que beneficien a tu equipo y organización, tomando ventaja de tu habilidad para ver oportunidades donde otros solo ven dificultades.

5. Delegación como Empoderamiento del Equipo: Si bien podrías no sentirte inclinado a tomar el centro de atención, tu capacidad para delegar de manera confiada permite que el equipo prospere. Al fomentar la autonomía y brindar un espacio de colaboración, permites que otros desarrollen sus propias habilidades y sientan su contribución valorada. Delegar con intención no solo fortalece al equipo, sino que también libera tu tiempo para centrarte en áreas donde puedes ofrecer el máximo valor, creando una cultura de crecimiento compartido.

Estas prácticas no solo aprovechan las fortalezas propias de la introversión, sino que también transforman los desafíos en oportunidades para liderar de manera eficaz y auténtica. Al aplicar estas herramientas, puedes desarrollar un estilo de liderazgo consciente que inspire y apoye a tu equipo en cualquier circunstancia.

10
La disciplina y los hábitos

"No tenemos que ser más inteligentes que el resto, tenemos que ser más disciplinados que el resto".
Warren Buffett

El liderazgo no se construye de la noche a la mañana ni se basa en una lista rígida de habilidades. Más bien, surge y se fortalece mediante la acumulación de pequeñas acciones constantes que reflejan un conjunto de valores sólidos. En este sentido, los hábitos y la disciplina son los cimientos esenciales: representan la constancia que permite enfrentar desafíos diarios y convertir dificultades en oportunidades de crecimiento.

Pero los hábitos y la disciplina no son una fórmula universal. Cada líder se enfrenta a desafíos internos y externos, y desarrolla un estilo propio, moldeado por su carácter y sus objetivos personales. El liderazgo consciente, en particular, no se enfoca únicamente en lograr resultados, sino en cómo esos resultados reflejan la autenticidad y coherencia de quien lidera. Desarrollar una estructura de hábitos bien alineada con los valores y metas personales permite encarar las situaciones con resiliencia y asertividad.

En el desarrollo de la disciplina y los hábitos se presenta una paradoja interesante: cuando logramos transformar nuestras acciones cotidianas en prácticas conscientes y consistentes, no dependemos tanto de la motivación ocasional. No es el esfuerzo momentáneo lo que define quiénes somos, sino la repetición constante de actos que reflejan nuestra identidad. Así, la disciplina se convierte en una forma de expresión personal, y los hábitos, lejos de ser simples rutinas, se transforman en una manifestación tangible de un propósito más profundo.

La Disciplina como Experiencia Individual

La disciplina es un concepto universal, pero su aplicación es tan diversa como las personas que la practican. No existe un molde único que determine cómo debemos enfrentar los retos personales para alcanzar nuestros objetivos, pues cada quien tiene su propio ritmo, desafíos y circunstancias. Para algunos, la disciplina puede manifestarse en la habilidad de mantener una rutina diaria de ejercicio físico o en la constancia de practicar una habilidad creativa. Para otros, es la capacidad de sobrellevar situaciones adversas mientras cumplen con múltiples responsabilidades. La disciplina, entonces, se adapta, se personaliza y se define según el contexto de cada individuo.

En mi caso, como alguien que convive con TDAH, la disciplina es un proceso en constante cambio. Los hábitos que cultivo necesitan ser flexibles y adaptarse a mis capacidades y limitaciones. Organizar mis días, recordar tareas y mantener la concentración son desafíos que, lejos de alinearse a un método rígido, requieren ajustes creativos y estrategias que me permitan funcionar de manera productiva. A través de estos esfuerzos, he aprendido que la disciplina no es tanto una regla estricta, sino una serie de prácticas que desarrollan nuestro carácter y forjan nuestra identidad.

Considero que, para muchas personas, los obstáculos personales y las limitaciones no solo marcan un ritmo particular en la creación de hábitos, sino que también moldean una perspectiva única sobre la vida. Nos enseñan que la verdadera disciplina no se trata de imponer un conjunto de reglas externas, sino de reconocer lo que necesitamos mejorar y de construir, poco a poco, una estructura que nos permita alcanzar nuestros objetivos. A través de este proceso, las adversidades se transforman en oportunidades para desarrollar resiliencia y descubrir fortalezas internas.

10.- La disciplina y los hábitos

Al enfrentar nuestras propias luchas, también vamos redefiniendo lo que significa para nosotros mismos ser disciplinados. Para algunos, la disciplina consistirá en encontrar tiempo entre dos empleos para cuidar de su salud física; para otros, será la búsqueda constante de equilibrio en medio de las demandas de la vida familiar y profesional. En todos estos casos, la disciplina se convierte en una especie de diálogo personal, una oportunidad para observar, ajustarse y perseverar, incluso en circunstancias difíciles.

Al explorar la idea de la disciplina y su relación con los hábitos, descubrimos que no se trata solo de logros, sino de una serie de elecciones diarias que nos fortalecen y nos permiten avanzar. La disciplina nos ayuda a enfrentar los retos del día a día, pero también nos ofrece la oportunidad de reflejar nuestros valores más profundos y de construir una vida que, poco a poco, se acerque a la que deseamos. En este sentido, cada pequeño hábito que adoptamos no solo es un paso hacia nuestras metas, sino un reflejo de quién estamos eligiendo ser.

Disciplina y Consciencia en las Acciones Diarias

La consciencia en el liderazgo se refleja, entre otras cosas, en la capacidad para elegir conscientemente los hábitos que forjan nuestro carácter y guían nuestras acciones. No se trata solo de la repetición mecánica de actividades, sino de cultivar una disciplina intencionada que permita al líder actuar de manera coherente con sus valores y aspiraciones. Estos hábitos no son necesariamente grandes gestos, sino pequeñas decisiones cotidianas que, con el tiempo, construyen un liderazgo más asertivo y comprometido.

Los hábitos pueden parecer decisiones insignificantes, pero tienen un impacto profundo en el largo plazo. Por ejemplo, un líder puede dedicar unos minutos al inicio de cada jornada para reflexionar sobre los objetivos del día y su impacto en el equipo. Otro podría iniciar su jornada respondiendo de inmediato a los correos urgentes. Ambas opciones llevan a resultados diferentes: la primera fomenta un enfoque más consciente y estratégico, mientras que la segunda puede generar un estilo más reactivo. Este tipo de elecciones diarias moldea el liderazgo a lo largo del tiempo, definiendo su carácter y su enfoque.

Cuando reflexionamos sobre las decisiones que guían nuestros hábitos, es esencial preguntarnos: ¿qué impulsa nuestras acciones diarias? ¿Estamos movidos por la ambición de mejorar o por el deseo de contribuir al bienestar colectivo? Estas motivaciones pueden variar, pero al final, son las que dan forma a nuestra identidad como líderes. La disciplina en este contexto no es solo la capacidad de repetir acciones, sino de mantener el compromiso con nuestras elecciones, incluso frente a la adversidad.

En mi caso, uno de los hábitos que más ha influido en mi estilo de liderazgo es el recorrido diario que realizo por la planta de producción. Este hábito me permite tener contacto directo con mi equipo, observar cómo se están llevando a cabo los procesos, y crear un ambiente de cercanía y confianza. Más que un simple control operativo, este gesto me ayuda a conectar con las personas, a comprender sus preocupaciones y a anticipar problemas antes de que se conviertan en crisis. Además, he incorporado la práctica de contactar a nuestros clientes diariamente durante mi trayecto a la oficina, lo que me ha permitido mantener una relación cercana con ellos y atender sus necesidades de manera proactiva.

Estas acciones, aunque pequeñas, han tenido un impacto significativo tanto en mi liderazgo como en el funcionamiento de la empresa. Pero cada líder tiene la posibilidad de encontrar sus propios hábitos, aquellos que resuenen con su estilo de liderazgo y que fomenten una mayor consciencia. Un líder podría preferir la escritura reflexiva para ordenar sus pensamientos, o dedicar tiempo al final de cada jornada para evaluar su impacto en el equipo. Al final, lo importante no es tanto qué hábitos adoptamos, sino que estos reflejen nuestras intenciones y nos acerquen al tipo de líder que deseamos ser.

El liderazgo consciente no se construye a través de fórmulas rígidas, sino de un compromiso diario con los pequeños gestos que nos mantienen en sintonía con nuestros valores. La disciplina, en este sentido, es la capacidad de elegir conscientemente, una y otra vez, las acciones que nos acerquen a una mayor claridad y propósito. Cada hábito, por pequeño que sea, contribuye a crear un liderazgo más auténtico, resiliente y asertivo, guiado por una profunda consciencia de su impacto en los demás.

El Poder de los Hábitos

El camino hacia el liderazgo consciente es, en gran medida, un ejercicio de autodescubrimiento y de construcción de hábitos que reflejan nuestros valores más profundos. La disciplina, cuando se entiende no solo como la repetición de acciones, sino como la capacidad de mantener un curso constante hacia el crecimiento personal y colectivo, es una herramienta poderosa para el liderazgo. Dos enfoques destacados sobre el desarrollo de buenos hábitos son los que proponen James Clear en *Hábitos Atómicos* y Stephen Covey en *Los siete hábitos de la gente altamente efectiva*. A través de prácticas pequeñas y consistentes, Clear muestra cómo los cambios significativos ocurren con el tiempo, mientras que Covey ofrece un marco integral que enfatiza la efectividad personal y profesional.

1. Pequeñas Acciones con un Gran Impacto: La Filosofía de Hábitos Atómicos: Clear nos recuerda que el cambio no ocurre de manera abrupta ni a través de grandes gestos. Más bien, son los hábitos pequeños y repetidos consistentemente los que crean un efecto acumulativo que transforma a una persona, y por ende, su entorno. En el liderazgo, adoptar hábitos simples, como dedicar unos minutos diarios a la introspección o a la revisión de metas, genera una estructura de autoconocimiento que refuerza la coherencia y el enfoque.

Para un líder, este enfoque podría traducirse en el hábito de dar retroalimentación constructiva de forma regular, no solo para fomentar el desarrollo en su equipo, sino también para establecer un ambiente de confianza y crecimiento mutuo. Aunque a primera vista este hábito pueda parecer insignificante, su práctica regular tiene un impacto profundo, ya que permite que el líder mantenga una comunicación constante y abierta, fomentando la disciplina de la mejora continua.

2. Forjar una Identidad a Través de los Hábitos: Un concepto clave en el trabajo de Clear es la idea de que los hábitos más duraderos son aquellos que alinean con nuestra identidad. Es decir, los hábitos no deben ser simplemente una serie de acciones a seguir, sino una extensión de quiénes somos y de los valores que sostenemos. Esto se alinea con la visión de liderazgo consciente, donde las acciones del líder reflejan una identidad anclada en principios de ética y responsabilidad.

Por ejemplo, un líder que valora la integridad hará un esfuerzo constante por ser transparente, incluso en decisiones difíciles. Este hábito no solo se convierte en parte de su identidad, sino que además consolida un ambiente de confianza y respeto dentro del equipo, al demostrar una consistencia entre sus palabras y acciones.

3. El entorno como Facilitador del Éxito: Clear también hace hincapié en la importancia de diseñar un entorno que facilite el desarrollo de buenos hábitos. Un líder consciente puede aprovechar esta idea al crear un ambiente organizacional que fomente prácticas colaborativas, innovación y transparencia. Un espacio donde las personas se sienten apoyadas y empoderadas para tomar decisiones autónomas promueve no solo el crecimiento individual, sino también el desarrollo de hábitos que beneficien al equipo en su totalidad.

Un líder que organiza el entorno laboral para incentivar la comunicación abierta y la cooperación, por ejemplo, está sentando las bases para que su equipo adopte hábitos positivos como la proactividad y la responsabilidad compartida. Así, el entorno se convierte en un reflejo de la visión del líder, y los hábitos colectivos se alinean con los objetivos organizacionales.

4. La Importancia del Seguimiento y la Retroalimentación: La evaluación constante de los hábitos y el ajuste de las estrategias son fundamentales para el crecimiento, y es aquí donde Clear subraya la importancia del seguimiento. Un líder consciente adopta esta práctica al medir regularmente tanto su propio progreso como el de su equipo, utilizando esta información para ajustar su enfoque según sea necesario.

Por ejemplo, la implementación de revisiones periódicas permite al líder no solo medir el éxito de sus hábitos, sino también identificar áreas de mejora. Esta práctica de retroalimentación constante fortalece el compromiso con la disciplina y asegura que las acciones del líder permanezcan alineadas con sus valores y metas a largo plazo.

5. El Ciclo de Mejora Continua: Clear propone el concepto de buscar una mejora de apenas un 1% cada día, lo que se traduce en una transformación continua y gradual. Este principio se refleja en la filosofía del liderazgo consciente, que se basa en la mejora constante de habilidades de liderazgo, así como en el compromiso con un propósito mayor. Al enfocarse en pequeñas mejoras diarias, el líder se convierte en un ejemplo de resiliencia y dedicación para su equipo, y fomenta una cultura de aprendizaje y adaptación constante.

La Visión Holística de Stephen Covey y los Hábitos de Liderazgo

Stephen Covey, a través de su obra *Los siete hábitos de la gente altamente efectiva*, propone un enfoque más holístico que complementa las ideas de Clear. Covey resalta la importancia de desarrollar hábitos que fortalezcan tanto el carácter como la capacidad de influencia. Sus siete hábitos proporcionan un marco práctico para aquellos que buscan integrar la disciplina y los hábitos en el liderazgo consciente:

1. **Ser proactivo:** Al asumir la responsabilidad de sus decisiones, el líder no espera a que los problemas se resuelvan solos; anticipa necesidades y actúa desde la conciencia.

2. **Empezar con un fin en mente:** Este hábito subraya la importancia de tener una visión clara y propósito definido, lo que permite al líder alinear sus metas diarias con un impacto positivo a largo plazo.

3. **Primero lo primero:** Priorizar significa enfocar los esfuerzos en lo importante, en lugar de quedar atrapado en la urgencia. Un líder consciente dedica tiempo a las tareas estratégicas, que refuerzan el crecimiento y el desarrollo del equipo.

4. **Pensar en ganar-ganar:** El líder que busca el beneficio mutuo construye relaciones basadas en la colaboración y el respeto, fomentando una cultura de equidad y cooperación.

5. **Buscar primero entender, luego ser entendido:** La empatía y la escucha activa son fundamentales para un liderazgo efectivo, y este hábito recuerda al líder la importancia de comprender antes de ser comprendido.

6. **Sinergizar:** La verdadera sinergia se logra al integrar perspectivas diversas. Un líder consciente valora y promueve la colaboración, logrando así resultados superiores.
7. **Afilar la sierra:** La renovación constante es esencial para el desarrollo personal. Un líder consciente invierte en su propio bienestar, promoviendo el equilibrio entre trabajo y vida personal.

Los enfoques de Clear y Covey convergen en la idea de que el liderazgo consciente no es un estado final, sino un proceso de construcción de hábitos que refuercen una identidad alineada con los valores y el propósito del líder. Ambos subrayan la importancia de la disciplina y de los pequeños gestos repetidos a diario, que, con el tiempo, se convierten en la base de una transformación significativa y duradera. Este enfoque disciplinado, sostenido por la autoconciencia y la reflexión continua, permite al líder desarrollar un impacto genuino y positivo en su equipo y en su entorno.

Pequeñas Decisiones para Grandes Hábitos

"Cuida tus pensamientos, porque se convertirán en tus palabras. Cuida tus palabras, porque se convertirán en tus actos. Cuida tus actos, porque se convertirán en tus hábitos. Cuida tus hábitos, porque se convertirán en tu destino".
Gandhi

Nuestros hábitos se construyen a partir de decisiones diarias, y estas, repetidas con intención, se consolidan en conductas que definen quiénes somos y cómo lideramos. Ser consciente de estas pequeñas decisiones nos permite forjar hábitos positivos y, reforzados con disciplina, desarrollar capacidades de liderazgo más sólidas y efectivas. A continuación, propongo cinco acciones que no solo construyen hábitos, sino que también reflejan cómo nuestras decisiones cotidianas pueden influir profundamente en la dirección y calidad de nuestro liderazgo.

1. **Atomizar Tareas y Establecer Prioridades:** En cada tarea, descompón el objetivo en pasos claros y accesibles. Pregúntate: "¿Qué puedo hacer ahora que verdaderamente impulse este proyecto?" Dividir las acciones evita la parálisis ante los grandes retos y permite un progreso constante y tangible. Al decidir en qué concentrar tu energía, no solo te mantienes enfocado, sino que también creas el hábito de priorizar lo esencial, transformando los pequeños logros en resultados significativos.

2. **Comunicar con Precisión:** Cada comunicación es una oportunidad para construir claridad y confianza. Antes de hablar o escribir, decide cómo transmitir tu mensaje de manera que conecte y resuene. Reflexiona: "¿Qué quiero decir y cómo puedo hacerlo de forma clara y empática?" Esta decisión, cuando se vuelve hábito, garantiza que tus ideas sean comprendidas y valoradas, y fomenta una relación de respeto y entendimiento mutuo con tu equipo.

3. **Considerar Perspectivas Opuestas:** En lugar de aferrarte solo a tu propia opinión, decide abrirte a nuevas perspectivas. Cuestiónate: "¿Qué puedo aprender de esta visión diferente a la mía?" Elegir escuchar otras posturas fomenta la empatía y fortalece tu adaptabilidad. Este acto de abrirte a lo desconocido amplía tu comprensión y genera una base sólida para decisiones informadas, además de demostrar un liderazgo que valora y considera la diversidad de pensamiento.

4. **Salir de la Zona de Confort:** Elige acciones que te desafíen y sal de lo habitual. Pregúntate: "¿Qué puedo ganar al enfrentar esta incomodidad?" Exponerte intencionadamente a lo desconocido, ya sea tomando la iniciativa en un área nueva o buscando tareas

10.- La disciplina y los hábitos

que te reten, fortalece tu resiliencia. Esta práctica constante no solo amplía tus habilidades, sino que también inspira a tu equipo a hacer lo mismo, formando un liderazgo que evoluciona y se adapta.

5. **Centrarse en Objetivos Alcanzables:** Al establecer tus metas, decide alinearlas con tus valores y capacidades actuales. Pregúntate: "¿Este objetivo es realista y coherente con mi visión a largo plazo?" Optar por metas alcanzables mantiene la motivación al proporcionar logros tangibles y sostenibles. Este enfoque refuerza la disciplina y establece un camino claro hacia el crecimiento, generando un entorno de avance continuo y confianza.

Es en estas decisiones aparentemente pequeñas donde verdaderamente se forja el carácter y la consciencia del líder. Si cada acto, por mínimo que sea, se alinea con nuestra intención y propósito, ¿cuánto podríamos transformar no solo en nuestra forma de liderar, sino también en el impacto que dejamos en los demás? Quizá el liderazgo no sea un objetivo lejano, sino un camino construido a través de decisiones cotidianas, donde la verdadera influencia surge al elegir, una y otra vez, lo que realmente importa.

Liderazgo Consciente

NO ES TAREA FÁCIL

- **SOLEDAD**
  - Las decisiones más difíciles por lo general las tendrás que tomar solo.

- **NO TODOS TE QUIEREN**
  - No a todo mundo le agradas y está bien. Enfócate en el respeto y no en la aceptación.

- **EL FRACASO ES INEVITABLE**
  - Aprende de tus errores y levántate, solo así serás cada vez más fuerte.

- **EL ÉXITO NUNCA ES INMEDIATO**
  - Toma tiempo, esfuerzo, sacrificio y constancia.

- **TU TIEMPO ES LIMITADO**
  - Aprende a utilizarlo sabiamente, delega todo lo que sea posible.

- **LOS CONFLICTOS SON PARTE DEL TRABAJO**
  - Escucha a ambas partes, afróntalo constructivamente y lo más importante es buscar una solución, no un culpable.

10.- La disciplina y los hábitos

NO ES TAREA FÁCIL

•PREDICA CON EL EJEMPLO

- Lo que haces habla tan fuerte que no puedo oír lo que dices.

"Ralph W. Emerson"

•APRENDE A DECIR "NO"

- No tienes que participar en todo, escoge tus batallas y enfócate en donde eres más necesario.

•SIN RETROALIMENTACIÓN NO HAY PROGRESO

- Aunque a veces no nos guste lo que escuchamos, la retroalimentación es indispensable para avanzar.

•ORDEN DADA, NO SUPERVISADA, SE LA LLEVA LA CHINGADA

- Si no vas a supervisar tus órdenes, deja que alguien más lidere.

•TÚ NO TIENES TODAS LAS RESPUESTAS

- Aprende a rodearte de gente capaz y apóyate en ellos.

•HUMILDAD

- Tu equipo siempre te estará observando, aprende a aceptar tus errores y ganarás su respeto.

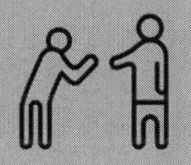

11
El poder de la Comunicación

"En un equipo de trabajo, el silencio no es oro, es mortal".
Mark Sanborn

Comunicar es, esencialmente, compartir ideas, valores y emociones de forma que otros puedan entender y conectar con ellas. Este proceso va más allá de las palabras; incluye el tono, el lenguaje corporal, el contexto emocional y el propósito detrás de cada mensaje. En el liderazgo, una comunicación consciente y efectiva permite transmitir mensajes que informen, inspiren y motiven.

Cada interacción se compone de pequeñas elecciones: la elección de una palabra precisa, de un tono que refleje la intención, de una postura que demuestre apertura. A través de estas decisiones, además de definir el contenido del mensaje, definimos también la forma en que será percibido. Cuidar estos detalles permite que el mensaje exprese un compromiso auténtico hacia quienes lo reciben.

Para lograr que nuestra comunicación sea realmente efectiva y consciente, es útil considerar las diferentes dimensiones que la componen. Cada uno de estos elementos —desde las palabras que usamos hasta el propósito que guía nuestra interacción— aporta una capa de significado que, al combinarse, transforma el mensaje en algo más que información. A continuación, exploraremos estas dimensiones clave y su papel en la construcción de una comunicación significativa y auténtica:

1. Lenguaje Verbal: Las palabras son la base del mensaje, y elegir términos precisos ayuda a evitar confusiones. En momentos de cambio, decir: "Estamos ajustando nuestra estrategia para responder a nuevas necesidades" proporciona una comprensión clara del contexto y del motivo detrás de la acción. Elegir el lenguaje adecuado asegura que el mensaje se reciba sin ambigüedades y con claridad.

2. Tono: El tono añade una dimensión emocional que matiza el significado de las palabras. Un tono firme transmite seguridad en momentos de incertidumbre, mientras que uno cálido puede crear cercanía y apoyo. Por ejemplo, al decir "Confío en que superaremos este reto", inspiramos confianza si el tono refleja esa convicción. El tono complementa el mensaje y contribuye a que se reciba de manera receptiva.

3. Lenguaje Corporal: La postura, el contacto visual y los gestos acompañan las palabras y transmiten nuestro compromiso y apertura. Durante una conversación importante, inclinarse hacia adelante y mantener contacto visual demuestra interés y disposición para escuchar. Al dar retroalimentación, un lenguaje corporal abierto comunica respeto, permitiendo que el mensaje se reciba con mayor credibilidad y empatía.

4. Contexto Emocional: La sensibilidad hacia el estado emocional del equipo nos permite adaptar el mensaje para que sea relevante y adecuado. Si el equipo ha pasado por un período de alta demanda, podríamos comenzar una reunión diciendo: "Aprecio profundamente el esfuerzo de todos. Hablemos sobre cómo avanzar de manera equilibrada". Esta adaptación muestra empatía y refuerza el compromiso con el bienestar colectivo, generando un ambiente de confianza.

5. Intención y Propósito: La intención y el propósito detrás de cada mensaje orientan la comunicación y su impacto. Ser claros en el propósito, ya sea informar, motivar, inspirar o establecer expectativas, permite estructurar el mensaje para lograr el objetivo deseado. Si el objetivo es motivar al equipo, podemos emplear un lenguaje positivo y aspiracional. Una intención bien definida da coherencia al mensaje y refuerza su efectividad.

Comunicar de manera consciente es un acto de conexión que requiere un uso intencionado de palabras, tono, lenguaje corporal y sensibilidad hacia los demás. Aunque estos elementos no abarcan todos los aspectos de una comunicación efectiva, comprender su interacción y aplicarlos de forma coherente facilita una transmisión clara y auténtica. Reflexionemos sobre cómo empleamos estos elementos en nuestras interacciones diarias y cómo podemos ajustarlos para fortalecer la confianza y el entendimiento dentro del equipo, alineando cada mensaje con un propósito claro y bien definido.

La comunicación es, sin duda, una de las habilidades más importantes en el liderazgo consciente. La capacidad de transmitir ideas, conectar con el equipo, influir y fomentar un entorno colaborativo depende directamente de nuestras habilidades comunicativas. Sin embargo, muchos líderes carecen de la preparación necesaria para comunicarse de manera efectiva. Esto puede deberse a factores como entornos profesionales que no siempre facilitan el diálogo, o a las diferencias culturales y costumbres que influyen en la dinámica de comunicación dentro de una organización.

La Importancia de Mejorar las Habilidades de Comunicación

Pocos procesos son tan fundamentales para nuestra experiencia humana como la comunicación. A través de ella, creamos relaciones, compartimos ideas y damos forma al mundo que habitamos. Casi todas nuestras acciones, desde las más simples hasta las más complejas, están marcadas por alguna forma de comunicación: el trabajo, la enseñanza, el arte, el servicio y la dirección de equipos. Ya sea al expresar una idea, ofrecer consuelo o transmitir una instrucción, la comunicación se convierte en un puente entre nuestras intenciones y la comprensión que generamos en los demás.

Como líderes, la calidad de nuestras relaciones y la efectividad de nuestras acciones dependen, en gran medida, de cómo logramos comunicar nuestros pensamientos y nuestras emociones.

Trabajar en mejorar nuestras habilidades comunicativas tiene un efecto profundo en nuestra visión y en la claridad de nuestros mensajes. A medida que desarrollamos una comunicación más consciente, también fortalecemos nuestra capacidad para pensar de manera ordenada, para transmitir con precisión y para brindar una atención más completa. Ya sea al escuchar a un colega, al comprender el punto de vista de un cliente o al dirigir un proyecto, una comunicación clara y bien enfocada refuerza nuestro compromiso con la empatía, el servicio y la asertividad. Nos permite prestar una atención más auténtica, cultivar un entorno de respeto y proyectar una visión que resuene en quienes nos rodean.

A continuación, se presentan tres beneficios de trabajar en nuestras habilidades de comunicación, que reflejan el impacto que podemos lograr:

- **Fomentar la confianza:** Desarrollar una comunicación clara y abierta permite que las personas expresen sus ideas sin reservas. Al mejorar nuestra escucha y empatía, fortalecemos las relaciones internas e impulsamos un clima de colaboración que ayuda al equipo a trabajar de manera más cohesiva.

- **Adaptabilidad comunicativa:** Afinar nuestras habilidades de comunicación nos ayuda a interactuar de manera efectiva en entornos culturales y profesionales diversos. Ser conscientes de las distintas interpretaciones que pueden surgir en equipos multiculturales evita malentendidos y refuerza un diálogo inclusivo y respetuoso.

- **Promover la transparencia:** Al ser más directos y transparentes, aclaramos los objetivos y expectativas, lo que permite que todos comprendan su rol en el esfuerzo común. Con este enfoque, reducimos la ambigüedad y facilitamos el compromiso con metas compartidas, fomentando un sentido de propósito colectivo.

Cada mejora en nuestra forma de comunicar tiene un impacto tangible. La comunicación consciente no solo define lo que decimos, sino también cómo llegamos a los demás y qué tipo de relaciones construimos. Al trabajar en estas habilidades, creamos un espacio de interacción donde las palabras y acciones se alinean, impulsando al equipo hacia un crecimiento y avance conjunto.

Desafíos para la Comunicación

El liderazgo requiere una comunicación efectiva y cuidadosa. En cualquier entorno, ya sea laboral, comunitario o educativo, los líderes encuentran barreras que pueden limitar la claridad, la confianza y la colaboración. Comprender y abordar estos desafíos permite que la comunicación se convierta en una herramienta de cohesión y desarrollo.

A continuación, se presentan tres de los obstáculos más comunes que enfrentan los líderes al comunicarse y sus implicaciones en la dinámica de equipo:

- **Falta de formación adecuada:** A menudo, los líderes alcanzan sus posiciones debido a sus habilidades técnicas, pero no siempre reciben la formación necesaria en habilidades comunicativas. Esto puede llevar a interpretaciones confusas y malentendidos que dificultan el avance del equipo. Desarrollar una comunicación clara y empática facilita que el líder transmita expectativas con precisión y fomenta un ambiente donde se valora el entendimiento mutuo.

- **Entornos restrictivos:** En muchos contextos, ya sea en el trabajo, en grupos comunitarios o en el ámbito educativo, la comunicación abierta no es habitual. Sin un espacio seguro para expresar ideas y preocupaciones, la creatividad y la colaboración se ven limitadas, lo que impacta directamente en el compromiso y la motivación de los participantes. Un ambiente de comunicación receptivo permite a cada persona participar plenamente y fortalecer su vínculo con el grupo.

- **Influencias culturales:** Las normas culturales afectan profundamente cómo las personas se comunican y responden a la autoridad. En contextos que valoran la deferencia, expresar opiniones abiertamente puede resultar difícil, lo que limita el intercambio de ideas y la retroalimentación. Un líder consciente de estas diferencias crea un espacio inclusivo donde se valoran perspectivas diversas, enriqueciendo así las decisiones y el crecimiento del equipo.

Superar estos desafíos exige un enfoque adaptativo y un compromiso constante con la mejora. Al abordar estos obstáculos con apertura y flexibilidad, la comunicación deja de ser un simple medio para transmitir información y se convierte en un recurso esencial para fortalecer la cohesión, la confianza y el entendimiento, sin importar el entorno.

La Cultura y las Costumbres Regionales

Los patrones culturales y los estilos de vida moldean profundamente la forma en que nos comunicamos y entendemos el mundo. Esto no solo define las normas de interacción social, sino también cómo percibimos la autoridad, expresamos ideas y nos

11.- El poder de la Comunicación

relacionamos en los espacios de trabajo. Un líder que comprende estas diferencias culturales y las integra en su estilo de comunicación construye puentes que trascienden las barreras visibles, facilitando un entorno donde la diversidad de pensamientos se convierte en una fortaleza.

En algunos países, como Japón, el respeto a la jerarquía y la comunicación indirecta son valores culturales fundamentales. En estas culturas, expresar opiniones o retroalimentación de forma abierta hacia los superiores no es común y puede limitar la circulación de ideas dentro del equipo. En lugar de confrontar estas normas, un líder puede fomentar una participación abierta y segura mediante encuestas anónimas o reuniones informales. Al aplicar un enfoque indirecto pero inclusivo, se permite que las voces se escuchen sin perturbar los valores culturales subyacentes, enriqueciendo así el intercambio de ideas.

Por otro lado, en culturas como la estadounidense, la comunicación tiende a ser más directa y menos influenciada por la jerarquía. Sin embargo, la franqueza puede no siempre ser interpretada como claridad; la empatía sigue siendo fundamental para asegurar que los mensajes se transmitan con respeto y precisión. Un liderazgo consciente aquí implica reconocer que, aunque la comunicación es abierta, cada miembro del equipo puede tener diferentes expectativas sobre el tono y la forma en que se entregan los mensajes. Ajustar el estilo a las sensibilidades y experiencias individuales permite una interacción más respetuosa y eficaz.

En el contexto de los entornos laborales modernos, que a menudo son culturalmente diversos, un líder no solo enfrenta la necesidad de adaptarse a normas específicas, sino también a una mezcla de valores, experiencias y estilos de vida. Esta diversidad puede incluir una gama de preferencias de comunicación, desde enfoques más reservados hasta estilos más expresivos y abiertos. Al reconocer y respetar estos matices, el líder puede transformar la comunicación en una herramienta que no solo transmite mensajes, sino que también refuerza un clima de confianza y respeto mutuo.

Fomentar una comunicación consciente en un entorno multicultural exige que el líder se convierta en observador activo, adaptando su enfoque a medida que profundiza su entendimiento sobre las necesidades de su equipo. Esto no implica simplemente dominar las normas de comunicación de una cultura específica, sino más bien aprender a navegar entre diversas perspectivas y encontrar formas de integrar estas diferencias. Con esta apertura, la comunicación se convierte en una práctica de respeto continuo, donde la diversidad de pensamientos y estilos de vida se convierte en una base sólida para la colaboración y el crecimiento compartido.

Ejemplos Prácticos para Mejorar la Comunicación en el Liderazgo

Mejorar las habilidades de comunicación requiere implementar prácticas que no solo aborden la eficiencia, sino que también fomenten una cultura de respeto y aprendizaje continuo. A continuación, presentamos tres estrategias prácticas que pueden integrarse en cualquier equipo para fortalecer la comunicación de manera efectiva:

1. Retroalimentación Bidireccional Estructurada: Las sesiones de retroalimentación bidireccional no solo mejoran la comunicación, sino que crean una dinámica de aprendizaje mutuo. Para que esta retroalimentación sea productiva, debe ser frecuente y estructurada, enfocándose en lo que funciona y en las áreas de mejora específicas.

Aplicación: Establece revisiones mensuales o trimestrales en las que tanto el líder como los miembros del equipo intercambien retroalimentación. Inicia con un resumen del progreso y luego dedica un tiempo a escuchar las observaciones de cada miembro. Puedes emplear herramientas como formularios previos para recoger ideas y hacer que todos lleguen a la reunión con una estructura clara.

Beneficios: Esta práctica construye confianza y permite al equipo abordar problemas antes de que se agraven. La retroalimentación constante asegura que todos estén en la misma página, permitiendo una alineación continua de objetivos y esfuerzos.

2. Capacitación en Habilidades de Comunicación: Invertir en programas de desarrollo comunicativo proporciona a los equipos herramientas específicas para gestionar interacciones complejas, resolver conflictos y expresar ideas de forma clara. En lugar de enfocarse solo en mejorar la comunicación general, estos programas deben ser adaptados a las necesidades específicas del equipo.

Aplicación: Organiza talleres enfocados en temas como escucha activa, resolución de conflictos y comunicación intercultural. Por ejemplo, si trabajas en un entorno multicultural, un módulo sobre sensibilización cultural puede ser esencial. Estas sesiones pueden ser intensivas o distribuídas a lo largo del año, según las demandas del equipo.

Beneficios: La capacitación aporta habilidades prácticas que, una vez adquiridas, pueden implementarse inmediatamente en el día a día. Los equipos que se comunican con claridad y respeto pueden avanzar con mayor eficiencia y manejar mejor las tensiones o malentendidos que surjan.

3. Crear Espacios de Diálogo Abierto: Un entorno que fomente la expresión libre de ideas y preocupaciones sin temor a represalias es clave para la innovación y el desarrollo. Esto se logra estableciendo espacios regulares donde los miembros del equipo puedan compartir de manera abierta, lo cual fortalece el compromiso y la motivación.

Aplicación: Implementa sesiones semanales o quincenales de "sin juicios", donde cualquier persona del equipo puede proponer ideas o expresar preocupaciones. Se pueden utilizar métodos de intercambio como la "lluvia de ideas" o discusiones en grupo, en las que todos tienen la oportunidad de aportar. Cierra cada sesión con un resumen de las ideas más relevantes y, cuando sea posible, elabora un plan de seguimiento.

Beneficios: Este tipo de reuniones no solo refuerza la cohesión y el respeto, sino que permite detectar problemas y oportunidades de manera anticipada. Además, al demostrar apertura a las ideas de todos, el líder establece un ejemplo de transparencia y fomenta un clima de confianza en el equipo.

Estas prácticas se integran de manera natural en la rutina de cualquier equipo y generan un impacto tangible en el rendimiento y la cohesión. Al fortalecer la comunicación a través de retroalimentación continua, capacitación focalizada y espacios de diálogo abierto, nos preparamos para liderar con claridad, empatía y efectividad.

Las 7 C's de la Comunicación

En el vasto campo de la comunicación, ciertos principios ayudan a transmitir un mensaje claro y directo, evitando interpretaciones erróneas o confusiones. Las *7 C's de la comunicación* —Clara, Concisa, Concreta, Correcta, Coherente, Completa y Cortés— son uno de estos marcos. Este conjunto de lineamientos, aplicable en diversas situaciones, permite estructurar la información de forma que los receptores la interpreten de manera precisa. Así, ya sea en un entorno de trabajo o en la vida cotidiana, las *7 C's* ofrecen una base sólida para expresar ideas de manera más efectiva y comprensible.

11.- El poder de la Comunicación

A continuación, exploramos cada uno de estos principios, con ejemplos que muestran cómo estas cualidades pueden hacer que la comunicación sea precisa y útil en diferentes contextos:

1. Clara: La claridad en la comunicación evita malentendidos y garantiza que el mensaje sea comprendido de inmediato. Esto implica expresar el propósito de forma directa y sin ambigüedades.

Ejemplo práctico: En una reunión de equipo, un líder que quiere mejorar la productividad dice: "Necesitamos mejorar nuestro rendimiento para el próximo trimestre". Un mensaje claro sería: "Nuestro objetivo es aumentar la productividad en un 15% en los próximos tres meses mediante la mejora de la eficiencia en los procesos de ventas".

2. Concisa: Una comunicación concisa es directa y va al grano, sin agregar información innecesaria. Los líderes deben evitar rodeos o información redundante que pueda distraer o confundir a su audiencia.

Ejemplo práctico: En lugar de decir: "Me gustaría hablar sobre la posibilidad de que evaluemos el proyecto para ver si está progresando de la manera que esperábamos y si necesitamos hacer ajustes en alguna parte", un mensaje conciso sería: "Revisemos el progreso del proyecto para identificar mejoras".

3. Concreta: La concreción en la comunicación significa incluir detalles específicos que hagan el mensaje tangible y más fácil de visualizar. Esto fortalece la credibilidad del mensaje y ayuda a los receptores a comprenderlo mejor.

Ejemplo práctico: Un líder hablando sobre el éxito de una estrategia de marketing podría decir: "Nuestra última campaña fue un éxito". Sin embargo, un mensaje concreto sería: "Nuestra última campaña de marketing incrementó las ventas en un 20% en el último mes y atrajo 1,000 nuevos clientes".

4. Correcta: La comunicación correcta implica que el mensaje esté libre de errores y sea apropiado para la audiencia. Esto incluye precisión en el lenguaje y en los datos, así como un tono adecuado para la situación.

Ejemplo práctico: Al presentar un informe financiero, un líder asegura que los datos presentados son precisos y revisados previamente. Si envía un correo a un cliente potencial, revisa el contenido para asegurarse de que no contenga errores tipográficos o cifras incorrectas.

5. Coherente: La coherencia significa que el mensaje esté alineado tanto con los valores del líder como con otros mensajes emitidos anteriormente. Esto ayuda a crear una comunicación lógica y consistente, eliminando contradicciones que puedan confundir o erosionar la confianza.

Ejemplo práctico: Un líder que previamente ha enfatizado la importancia del bienestar de los empleados, no puede en otra reunión presionar por metas irrealistas que los obliguen a trabajar más horas. Su mensaje debe ser coherente con los valores que ha defendido en el pasado.

6. Completa: Una comunicación completa proporciona toda la información necesaria para que el equipo pueda actuar sin ambigüedades. Esto reduce la necesidad de aclaraciones y mejora la eficiencia en la toma de decisiones.

Ejemplo práctico: Al asignar una nueva tarea a un miembro del equipo, un líder proporciona todos los detalles necesarios: objetivos, plazos, recursos disponibles y criterios de éxito. Un mensaje completo sería: "Necesito que completes el informe financiero para el lunes, asegurándote de incluir el análisis de costos del proyecto X y el pronóstico para el próximo trimestre".

7. Cortés: La cortesía en la comunicación es fundamental para mantener un ambiente de respeto y colaboración. Esto implica un tono positivo y profesional, especialmente cuando se da retroalimentación.

Ejemplo práctico: En lugar de decir: "Tu trabajo está lleno de errores y no cumple con las expectativas", un líder cortés podría decir: "Aprecio tu esfuerzo, pero hay algunas áreas que necesitan mejoras. Me gustaría trabajar contigo para corregirlas y asegurarnos de que el proyecto esté a la altura de nuestros estándares".

Al adoptar las 7 C's de la comunicación, no solo estamos siguiendo un marco para estructurar mensajes: estamos cultivando una forma de expresarnos que minimiza malentendidos y maximiza el impacto de nuestras ideas. En el liderazgo, este enfoque es esencial para conectar de manera genuina, transmitiendo claridad y respeto en cada interacción. Incorporar estos principios en nuestras conversaciones diarias nos permite construir un diálogo más preciso y efectivo, fortaleciendo así nuestra capacidad para guiar, inspirar y crear conexiones auténticas con quienes nos rodean.

El Poder de Ser Directo

"Está bien admitir lo que no sabes. Está bien pedir ayuda. Y es más que aceptable escuchar a las personas que lideras; de hecho, es esencial".
Mary Barra

Hablar con franqueza puede ser desafiante, especialmente cuando las normas culturales valoran la cortesía y el respeto sobre la transparencia directa. La comunicación directa, en su forma más pura, no solo se enfoca en decir lo que se necesita de manera clara, sino en hacerlo con la intención de construir un entendimiento genuino. Este enfoque puede percibirse como agresivo si no va acompañado de empatía y atención a las reacciones de la otra persona. Sin embargo, cuando somos conscientes de cómo y cuándo expresar nuestras ideas, ser directo puede convertirse en un acto de consideración y respeto hacia el otro.

En el liderazgo, esta habilidad es particularmente valiosa. Nos ayuda a abordar los problemas de manera rápida y sin rodeos, pero también nos desafía a permanecer atentos a las necesidades y perspectivas de los demás. Ser directo no significa sacrificar la amabilidad ni el tacto; significa poner las cosas en claro, pero con sensibilidad. Al comunicarnos de esta manera, podemos ser precisos y auténticos sin dejar de crear un ambiente de colaboración. Estos principios ofrecen ejemplos concretos sobre cómo aplicar una comunicación directa que construya relaciones de respeto y confianza:

1. Da contexto: Al iniciar una conversación delicada, establecer un contexto ayuda a enmarcar la intención y evita que el mensaje se sienta como un ataque personal. Por ejemplo, al decir "Te menciono esto porque creo que podemos mejorar la eficiencia en el equipo", defines la conversación como una oportunidad para mejorar y aclaras tus razones desde el principio, mostrando respeto y claridad.

2. Expresa subjetividad: Empezar con frases como "Yo siento" o "Yo creo" permite compartir tus percepciones sin hacer acusaciones. En lugar de decir "Siempre te equivocas en esto", una expresión como "Siento que podríamos ajustar la estrategia" comunica tu opinión sin poner a la defensiva a la otra persona, facilitando un diálogo abierto.

3. Mantén un tono calmado y equilibrado: El tono de voz define cómo se recibe el mensaje. Al mantener un tono neutral y calmado, especialmente en conversaciones tensas, el mensaje es más fácil de aceptar. En lugar de subir el tono para remarcar tu punto, un tono calmado y enfocado ayuda a que el otro se sienta cómodo y dispuesto a escuchar.

4. Sé conciso: Ir al grano y eliminar rodeos permite que la conversación sea eficiente y productiva. Decir "Centrémonos en lo más importante aquí: mejorar la comunicación en el equipo" ayuda a que el receptor se enfoque en el tema principal, eliminando cualquier distracción o malentendido en torno al objetivo.

5. Escucha antes de responder: La escucha activa es fundamental para demostrar respeto y entender al otro. Una pausa antes de responder ayuda a mostrar que has escuchado y comprendido, y también te permite formular una respuesta más reflexiva y alineada con lo que se necesita en ese momento.

6. Reconoce los sentimientos de los demás: Validar las emociones de la otra persona puede desactivar tensiones y abrir la puerta a una comunicación más empática. Decir "Entiendo por qué te sientes frustrado, y quiero que trabajemos juntos para solucionarlo" no solo muestra comprensión, sino que también transmite tu disposición para colaborar.

7. Haz preguntas: Preguntas como "¿Podrías contarme más sobre esa idea?" invitan a una conversación más profunda y demuestran interés genuino en la perspectiva de la otra persona. Esto fomenta un ambiente de colaboración donde el otro se siente valorado.

8. Ofrece soluciones constructivas: Proponer alternativas en lugar de simplemente criticar muestra proactividad y fomenta la resolución. Al decir "¿Qué tal si probamos esta otra estrategia en lugar de lo que venimos haciendo?", no solo identificas un problema, sino que también ofreces un camino alternativo, reforzando una cultura de mejora continua.

9. Sé específico: Ser claro sobre las situaciones ayuda a evitar ambigüedades. Una frase como "Cuando los plazos no se cumplen, siento que afecta al equipo. Me gustaría que planifiquemos mejor" identifica el problema y señala una dirección concreta para la solución, lo cual promueve una comprensión más precisa.

10. Elige el momento adecuado: Asegurarte de que el momento sea propicio es esencial para tener una conversación productiva. Una pregunta como "¿Es este un buen momento para discutir algo importante?" da espacio para que ambas partes se preparen, lo cual mejora la disposición para dialogar.

11. Muestra aprecio: Agradecer al final de una conversación fortalece el impacto positivo y refuerza la conexión. Decir "Gracias por escuchar, lo aprecio mucho" cierra el diálogo de manera amable y contribuye a una relación más sólida.

12. Habla en privado si el tema es delicado: Abordar asuntos sensibles en privado muestra respeto por la privacidad de la otra persona. Pedir "¿Podemos tratar este tema en privado?" ayuda a proteger la dignidad del interlocutor, permitiendo una conversación más abierta y honesta.

13. Mantén una actitud positiva: Transmitir confianza en la solución de problemas fortalece el ambiente de colaboración. Decir "Estoy seguro de que podemos resolver esto juntos" expresa optimismo y, además, demuestra un compromiso compartido hacia el resultado, lo cual motiva a la otra persona.

14. Haz un seguimiento después de la conversación: Asegurar que ambos estén alineados en lo discutido refleja compromiso y claridad. Decir "¿Te parece que estamos en sintonía sobre lo que hablamos?" ayuda a cerrar el círculo de comunicación, reafirma el entendimiento mutuo y contribuye a consolidar acuerdos.

15. Admite tus errores: Reconocer tus propios errores demuestra humildad y fortalece la confianza. Expresiones como "Me doy cuenta de que pude haber contribuido a este malentendido, lo lamento" reflejan responsabilidad y también fomentan una cultura de respeto y aprendizaje en el equipo.

Aunque estos ejemplos pueden parecer evidentes, es común que muchos líderes que no son conscientes de estos aspectos cometan los mismos errores repetidamente. Por ello, te propongo identificar los cinco o seis puntos en los que más sueles fallar y anotarlos en un lugar visible. De esta manera, tendrás un recordatorio constante de cómo puedes mejorar y aplicarlos de manera más efectiva.

La comunicación directa, al final, es también un acto de confianza: implica creer tanto en nuestra capacidad para expresarnos con claridad como en la disposición de los demás para recibir nuestro mensaje. La práctica constante de una comunicación honesta y considerada refuerza la calidad de nuestras relaciones y refuerza nuestro compromiso con el respeto mutuo. Al aplicar estos principios, construimos un liderazgo consciente, que enfrenta desafíos con franqueza y empatía.

12

Transformando tu Potencial

"Hay cinco características innegociables que todo líder efectivo debe tener: un sentido de vocación, la capacidad de comunicarse, creatividad en la resolución de problemas, generosidad y constancia".
John C. Maxwell

En el liderazgo, el "potencial" no se limita a una serie de habilidades sin explotar; es un conjunto de posibilidades que esperan ser activadas y desarrolladas. Cada persona tiene un potencial único, definido por sus fortalezas, valores, experiencias y su capacidad para crecer frente a los desafíos.

Este libro fue concebido con el propósito de activar tu potencial de liderazgo, ofreciéndote herramientas y perspectivas que revelan nuevas formas de comprender tus propias capacidades. En este recorrido, has construido una base sólida, diseñada para identificar tus talentos únicos y llevarlos a la práctica de manera consciente. Reconocer este potencial es solo el primer paso. ¿Cómo podemos entonces llevar estas posibilidades a la acción y convertirlas en habilidades de liderazgo concretas?

El Potencial como una Elección Consciente

Transformar el potencial en una realidad efectiva requiere asumir una responsabilidad activa sobre nuestras decisiones y acciones diarias. No se trata de algo que ocurra automáticamente; el desarrollo de habilidades y cualidades de liderazgo efectivas requiere de elecciones intencionadas y consistentes. Cultivar este potencial no es un proceso solitario, sino un esfuerzo continuo de aprendizaje, adaptación y ajuste al entorno y a las necesidades del equipo. Esta elección consciente marca la diferencia entre un liderazgo que se adapta pasivamente y uno que busca mejorar activamente a través de cada experiencia.

Para dar el primer paso hacia esta transformación, es fundamental evaluar nuestra mentalidad actual y reconocer nuestras fortalezas y áreas de crecimiento desde un enfoque de autoconciencia. La forma en que nos percibimos y valoramos nuestras capacidades define los límites de nuestro crecimiento. El liderazgo eficaz no es innato, sino que se forja mediante decisiones intencionales que reflejan un compromiso con el propio desarrollo. A partir de esta elección consciente, el líder puede comenzar a integrar una serie de habilidades prácticas que catalizarán su crecimiento y ampliarán su impacto.

Ejercicio inicial: Reflexiona sobre tu mentalidad actual y realiza un inventario de tus fortalezas y áreas de desarrollo. Haz una lista de las habilidades que sientes que podrían potenciar tu liderazgo y anota tres acciones concretas que podrías implementar esta semana para comenzar a trabajarlas.

La Consciencia como Base del Crecimiento

El liderazgo consciente exige un alto nivel de autoconciencia, que es la capacidad de observarnos a nosotros mismos, identificar nuestras fortalezas y debilidades, y comprender el impacto que nuestras acciones tienen en los demás. Al desarrollar esta consciencia, podemos gestionar nuestras respuestas y conductas de una manera más alineada con el tipo de líder que aspiramos ser. A través de esta introspección, no solo identificamos nuestro potencial, sino que también descubrimos las habilidades específicas que necesitamos para desbloquearlo y expandirlo.

1. Autoconsciencia: La autoconsciencia nos permite entender cómo nuestros pensamientos y emociones influyen en nuestras acciones. Para maximizar el potencial de liderazgo, es fundamental ser capaz de evaluar y redirigir nuestra energía hacia comportamientos que reflejen nuestros valores. Un líder

12.- Transformando tu Potencial

autoconsciente se pregunta constantemente: "¿Estoy liderando de una manera que refleja mi propósito? ¿Cómo perciben mis acciones los demás?". Este nivel de reflexión nos permite afinar nuestras habilidades y avanzar de forma consistente hacia el liderazgo efectivo.

Ejercicio: Dedica cinco minutos al final de cada día a reflexionar sobre un desafío que hayas enfrentado y anota cómo lo manejaste. Pregúntate: *¿Qué motivó mi reacción? ¿Qué podría haber hecho diferente?* Este ejercicio fomenta una visión clara de patrones recurrentes y áreas de mejora.

2. Consciencia Social: Ser consciente del entorno no se limita a ver lo que ocurre a nivel de equipo, sino a comprender cómo las dinámicas externas y culturales afectan nuestras decisiones. Al tener una visión más amplia del contexto en el que operamos, podemos adaptar nuestro estilo de liderazgo para aprovechar oportunidades que se alineen con nuestro potencial. Este nivel de consciencia se desarrolla al abrirnos a perspectivas diversas dentro del equipo.

Ejercicio: Durante tus interacciones, fomenta un espacio donde cada miembro del equipo pueda compartir su perspectiva. Al final de cada reunión, pregunta: *¿Cómo puedo mejorar la comunicación con ustedes?* Escuchar activamente las respuestas y aplicar estas sugerencias es una manera efectiva de mejorar tu consciencia social.

Actualizar el Potencial a través de la Acción

El potencial se transforma a través de acciones intencionales y consistentes. Una vez que el líder es consciente de sus fortalezas y áreas de crecimiento, lo siguiente es convertir esa comprensión en hábitos concretos. Al establecer prácticas diarias, el líder refuerza su compromiso con su propio desarrollo, y también se convierte en un ejemplo positivo para su equipo.

1. Integrar Hábitos de Crecimiento: Los hábitos son la base para el cambio a largo plazo. En este sentido, el potencial se expande cuando se establecen rutinas que fortalecen las habilidades necesarias para liderar de manera consciente y eficiente.

Ejercicio: Identifica un área de tu liderazgo en la que desees mejorar (por ejemplo, la toma de decisiones bajo presión). Luego, elige un hábito que apoye ese crecimiento. Podría ser la meditación de respiración para la calma o reflexionar sobre las decisiones más importantes de la semana para identificar patrones de pensamiento. Este ejercicio transformará el desarrollo de habilidades en un proceso continuo.

2. Buscar Retroalimentación Continua: La retroalimentación es un recurso invaluable para el crecimiento de cualquier líder. Nos proporciona una perspectiva externa y nos ayuda a identificar nuestras áreas ciegas. Al buscar activamente retroalimentación, demuestras humildad y disposición para aprender, además de dar la oportunidad de ajustar y afinar tu enfoque de liderazgo.

Ejercicio: Programa revisiones trimestrales en las que solicites retroalimentación específica en cuanto a tus fortalezas y áreas de mejora. Pregunta a tu equipo: *¿En qué aspecto creen que puedo mejorar como líder?* Tomar esta retroalimentación en serio y diseñar un plan de acción basado en ella es una forma efectiva de trabajar hacia el liderazgo consciente.

Reconocer el Ciclo de Transformación

La transformación del potencial en habilidades de liderazgo no es un proceso lineal, sino un ciclo continuo que involucra aprendizaje, crecimiento y actualización constante. A medida que adquirimos habilidades y ganamos experiencia, nuevas áreas de desarrollo se revelan, desafiándonos a evolucionar. Reconocer este ciclo nos permite ver el liderazgo como una travesía sin un destino final, sino con múltiples hitos de crecimiento personal y profesional.

El ciclo de transformación comienza con la autoevaluación y la consciencia de nuestras fortalezas y áreas de mejora. Luego, continúa con la adquisición y aplicación de habilidades, que se enriquece mediante la retroalimentación. Al integrar estas fases de manera continua, un líder cultiva un estilo de liderazgo dinámico, adaptativo y en constante evolución. A continuación, se exploran las fases clave de este ciclo y se ofrecen ejercicios prácticos para aplicarlas

1. Autoevaluación: La Puerta de Entrada al Crecimiento

El ciclo de transformación del potencial inicia con una autoevaluación honesta y detallada. Esta fase implica una reflexión sobre nuestras capacidades actuales, actitudes y áreas en las que podemos mejorar. Reconocer dónde nos encontramos en este momento nos da una base sólida para identificar las habilidades que necesitamos desarrollar y las metas que queremos alcanzar.

Ejercicio: Dedica unos minutos cada semana a hacer un "inventario de potencial". Reflexiona sobre tus logros recientes y las áreas donde sientes que podrías crecer. Pregúntate: *¿Qué aprendí de mis éxitos y errores recientes? ¿Cómo han cambiado mis habilidades y perspectivas en los últimos meses?*

2. Integrar Habilidades y Hábitos: Poner en Marcha el Potencial

Una vez que el líder se autoevalúa, el siguiente paso es desarrollar habilidades específicas que alineen sus acciones con sus metas. Al establecer hábitos de crecimiento, las habilidades adquiridas se convierten en prácticas diarias. Este proceso permite que el potencial se actualice a través de acciones conscientes y consistentes.

Ejercicio: Identifica una habilidad que deseas desarrollar y desglósala en pasos prácticos. Si, por ejemplo, deseas mejorar tu capacidad para delegar, empieza por asignar una tarea pequeña a un miembro del equipo, observa el proceso y brinda retroalimentación. Esta práctica te permitirá integrar el hábito de delegar de forma estructurada y efectiva.

3. Recibir y Aplicar Retroalimentación: Un Mecanismo de Ajuste y Crecimiento

La retroalimentación es fundamental para identificar áreas ciegas y validar nuestro progreso. Al solicitarla de manera constante, el líder no solo recibe información valiosa, sino que también muestra una actitud de apertura y compromiso con la mejora continua. La retroalimentación, cuando se aplica conscientemente, refuerza el ciclo de transformación, permitiendo al líder ajustar su enfoque y refinar sus habilidades.

Ejercicio: Programa revisiones trimestrales de retroalimentación en las que solicites a tus colegas y a tu equipo que evalúen aspectos específicos de tu liderazgo. Pregunta: ¿Qué aspectos de mi liderazgo consideran efectivos? ¿Dónde creen que puedo mejorar? Utiliza esta información para crear un plan de desarrollo que incorpore sus sugerencias.

4. Reflexionar y Reiniciar el Ciclo

Después de aplicar la retroalimentación y ajustar tus habilidades, dedica tiempo a reflexionar sobre los resultados. Pregúntate si tus acciones te están acercando a la versión de líder que deseas ser y ajusta tu enfoque según sea necesario. Esta fase de reflexión no solo consolida el aprendizaje, sino que también prepara el terreno para el siguiente ciclo de transformación. Cada vez que recorremos este ciclo, alcanzamos un nuevo nivel de autoconciencia y efectividad.

Ejercicio: Al final de cada trimestre, realiza una reflexión completa sobre tu desarrollo. Escribe las lecciones aprendidas y los logros alcanzados, y evalúa cómo los cambios en tus habilidades han impactado tanto en tu liderazgo como en tu equipo. Esta práctica te ayudará a ver el crecimiento como un proceso continuo, estableciendo una base sólida para el próximo ciclo de transformación.

Habilidades Clave para Transformar el Potencial en Acción

En el liderazgo consciente, habilidades como la comunicación efectiva, la motivación, la integridad y la empatía funcionan como puertas hacia la identificación y el desarrollo del potencial. Estas habilidades, que hemos explorado anteriormente en otros contextos, ahora las abordamos como medios para descubrir talentos ocultos y maximizar las capacidades del equipo. A medida que cultivamos estas habilidades, abrimos un espacio donde todos participamos activamente en la evolución de nuestro propio potencial.

1. Comunicación Efectiva: Creación de Realidades Compartidas

La comunicación efectiva va más allá de transmitir ideas y conceptos. Esta habilidad permite la creación de significados y realidades compartidas. Cuando un líder comunica con claridad, escucha activamente y adapta su mensaje a la audiencia, facilita el entendimiento y abre espacio para nuevas ideas y perspectivas.

En una reunión de equipo, por ejemplo, al presentar un tema técnico complejo, el líder explica la información y, además, invita a los miembros a hacer preguntas, aportar ideas y colaborar. Este enfoque revela habilidades analíticas o creativas del equipo y convierte la comunicación en un proceso de descubrimiento conjunto. La escucha activa permite captar matices en las palabras y el tono, identificando áreas de interés y fortalezas individuales. ¿Qué enfoques podemos usar para hacer de la comunicación una herramienta de identificación de potencial en nuestras interacciones?

2. Motivación e Inspiración:
Conectar con un Propósito Mayor

La motivación y la inspiración, en el contexto del liderazgo consciente, no se limitan al logro de objetivos. Inspirar significa conectar a las personas con un propósito mayor y ayudarles a ver sus capacidades desde una perspectiva ampliada. Al celebrar logros individuales y colectivos, el líder fortalece la moral del equipo y permite que cada miembro entienda cómo sus esfuerzos se alinean con una visión más significativa.

Por ejemplo, al reconocer el esfuerzo de un miembro del equipo en un proyecto desafiante, el líder resalta su habilidad para superar obstáculos. Este acto de reconocimiento incrementa la autoestima del colaborador y alienta una percepción más resiliente de sí mismo. Inspirar de esta manera fomenta una mentalidad expansiva, permitiendo que cada miembro del equipo imagine formas de superar sus límites y alcanzar su potencial. ¿De qué maneras podríamos alinear el propósito con el desarrollo personal y colectivo?

3. Integridad y Ética:
Construir Confianza para el Crecimiento

La integridad y la ética son los cimientos de la confianza, esencial en cualquier equipo. Cuando las acciones del líder reflejan sus palabras y valores, se crea un ambiente donde cada persona se siente segura para explorar su potencial sin temor a juicios o represalias. Esta coherencia permite que el equipo sienta respaldo y libertad para experimentar, asumir riesgos y aprender.

Consideremos el caso de un líder que enfrenta una situación difícil, como la presentación de un informe con resultados inesperadamente bajos. Al optar por la transparencia y comunicar la realidad tal como es, el líder refuerza su compromiso con la honestidad e inspira a su equipo a actuar con integridad. Este modelo ético permite que cada colaborador reflexione sobre sus propias áreas de mejora y explore formas de crecimiento personal, ayudándoles a desarrollar su potencial de manera auténtica. ¿Cómo podemos asegurarnos de que nuestras acciones reflejen una ética que motive a otros a descubrir y expandir su potencial?

4. Resolución de Problemas: Convertir Desafíos en Catalizadores de Crecimiento

Cada problema presenta una oportunidad para descubrir y expandir el potencial. La habilidad de resolver problemas permite superar obstáculos y desvela talentos y fortalezas en el proceso. Un líder consciente ve los desafíos como oportunidades para observar las respuestas de su equipo y evaluar las áreas en las que cada miembro muestra destrezas y puntos de mejora.

Por ejemplo, el líder podría asignar la resolución de un problema específico a un miembro del equipo que normalmente no enfrenta tales situaciones. Este enfoque permite que el miembro del equipo demuestre habilidades en un nuevo contexto, revelando talentos que podrían haber permanecido ocultos. Abordar los problemas de esta forma convierte los desafíos en experiencias de desarrollo y crecimiento. ¿Qué problemas actuales podrían aprovecharse para revelar habilidades y descubrir nuevos talentos en nosotros y en nuestro equipo?

5. Delegación:
Confianza que Fomenta el Desarrollo de Capacidades

La delegación, desde una perspectiva de liderazgo consciente, no se trata solo de asignar tareas. Es un acto de confianza que da a los demás la oportunidad de asumir responsabilidades, explorar sus capacidades y crecer. Al delegar, el líder identifica las fortalezas únicas de cada miembro del equipo y asigna tareas que les permiten desarrollarse y mostrar nuevas capacidades.

Por ejemplo, al delegar la responsabilidad de liderar una reunión importante, el líder expresa su confianza en las habilidades de otra persona y le permite descubrir y probar su potencial de liderazgo. Este acto refuerza la autoestima y permite al miembro del equipo experimentar su propio crecimiento en un entorno seguro. ¿Qué otras responsabilidades podríamos delegar para fomentar el desarrollo de capacidades y el descubrimiento de nuevos talentos en el equipo?

6. Empatía:
Crear Puentes hacia el Potencial Oculto

La empatía permite al líder consciente ver el potencial en los demás, incluso cuando ellos mismos no lo reconocen. Al conectar emocionalmente con los miembros del equipo, el líder comprende sus necesidades, intereses y motivaciones, creando un ambiente de apoyo donde cada persona se siente valorada y motivada para explorar sus propias capacidades.

Un líder que observa a un miembro del equipo pasando por dificultades y se toma el tiempo de hablar con esa persona no solo alivia su carga emocional, sino que fortalece su conexión con el equipo. Este acto de empatía invita al colaborador a aportar de manera significativa, lo cual puede ser el primer paso para descubrir y desarrollar aspectos de su potencial que habrían permanecido ocultos. ¿Cómo podemos utilizar la empatía para crear espacios donde otros puedan descubrir y desarrollar sus habilidades?

7. Visión Estratégica: Definiendo Futuros Posibles

La visión estratégica permite al líder consciente ver más allá del presente, definiendo un futuro inspirador para el equipo. Al compartir esta visión, el líder invita a cada miembro a alinear sus talentos con un objetivo común, motivándolos a contribuir y a desarrollar sus propias habilidades en el proceso.

Por ejemplo, un líder que comunica una visión de expansión hacia nuevos mercados, además de marcar una meta, motiva al equipo a reflexionar sobre las habilidades que necesitarán para alcanzarla. Este proceso establece una dirección y crea un espacio para el crecimiento individual y colectivo. ¿Qué tipo de visión podemos compartir que inspire al equipo a desarrollar sus talentos y maximizar su potencial?

8. Capacidad de Adaptación: Renovar el Potencial en Tiempos de Cambio

La adaptabilidad nos permite enfrentar la incertidumbre con una mentalidad abierta, aprovechando el cambio como una oportunidad para el crecimiento. Un líder adaptable se ajusta a las circunstancias e inspira a su equipo a hacer lo mismo, mostrando que el cambio es una plataforma para descubrir y desarrollar nuevas habilidades.

Consideremos un líder que, en medio de una crisis organizacional, adapta su enfoque y muestra flexibilidad ante los nuevos desafíos. Al modelar esta adaptabilidad, el líder enseña a su equipo que el potencial no es estático, sino que evoluciona a medida que nos adaptamos y crecemos. ¿Cómo podríamos nosotros, en tiempos de cambio, aprovechar la adaptabilidad para revelar y desarrollar nuevas capacidades en el equipo?

Las habilidades de un líder consciente no solo facilitan la gestión de tareas y personas, sino que también sirven como instrumentos de identificación y expansión del potencial. A través de la comunicación, la motivación, la integridad, y la empatía, entre otras, el líder consciente ve y cultiva las capacidades latentes en los demás, ayudando a que cada miembro del equipo alcance su máximo desarrollo. Este enfoque transforma al liderazgo en un proceso continuo de descubrimiento y co-creación de posibilidades, donde el potencial no solo se identifica, sino que se despliega y se convierte en un agente de cambio positivo.

El Compromiso con el Desarrollo Continuo

El desarrollo continuo es un camino sin final; es la esencia misma del liderazgo consciente. Al comprender que el potencial es una capacidad en constante evolución, se abre ante nosotros la oportunidad de abrazar el cambio como una fuente de crecimiento. Cada desafío se convierte así en una invitación a descubrir nuevas habilidades y expandir nuestras capacidades, manteniéndonos en movimiento hacia un liderazgo más consciente y adaptativo.

Este compromiso con el crecimiento personal fortalece nuestra trayectoria y genera un entorno en el que otros pueden prosperar. Un líder abierto al aprendizaje y dispuesto al cambio inspira a quienes lo rodean a hacer lo mismo. En este sentido, el desarrollo continuo se convierte en la base de una cultura de mejora compartida, donde todos se sienten impulsados a identificar y desplegar sus talentos para el beneficio del equipo.

12.- Transformando tu Potencial

Mediante la reflexión y la autoevaluación, integramos las lecciones del día a día y ajustamos nuestro rumbo conforme ganamos consciencia de nuestro impacto. Con cada ajuste, nutrimos habilidades como la empatía y la resiliencia, enriqueciendo nuestro liderazgo y fortaleciendo las relaciones dentro del equipo. Este ciclo de aprendizaje continuo asegura que nuestra forma de liderar se mantenga relevante y efectiva, adaptándose a las necesidades cambiantes del entorno.

El compromiso con el desarrollo continuo transforma al líder y permite que el equipo crezca junto con él. Al renovarnos, fomentamos un espacio en el que todos pueden explorar nuevas posibilidades y desafiar sus propios límites. Este enfoque enriquece nuestro camino personal y deja un legado de crecimiento y transformación colectiva, marcando la diferencia en la vida de quienes nos acompañan.

13

Metamorfosis

"Cuando todo parezca ir en tu contra, recuerda que el avión despega contra el viento".
Henry Ford

La transformación hacia un liderazgo efectivo comienza desde el interior. Para ser un líder exitoso, no basta con desarrollar habilidades técnicas; se necesita construir una mentalidad sólida, basada en la autoconfianza y la creencia de que somos capaces de lograr grandes cosas. Este cambio no es un proceso instantáneo ni superficial; es un viaje profundo que requiere dejar atrás lo que ya no nos sirve, abrazar lo que hemos descubierto y finalmente, emerger renovados y listos para impactar. Este recorrido se puede entender como un proceso de metamorfosis, una transición en tres fases: disolución, transformación e integración.

Fase 1: Disolución – Reconociendo y Deconstruyendo

La metamorfosis comienza con la disolución, una fase en la que es necesario desprenderse de ideas limitantes, creencias negativas y patrones de autoconversación que ya no aportan a nuestro crecimiento. Reflexionemos sobre esta pregunta: ¿Quién soy y qué he logrado? Tomarse un momento para reconocer logros personales, tanto grandes como pequeños, es un paso vital para reforzar la autoconfianza. Si hacemos un inventario honesto de nuestro pasado, encontramos pruebas de nuestra capacidad para superar retos y alcanzar objetivos. Este reconocimiento no es un acto de vanidad, sino una afirmación que nos da una base segura desde la cual asumir nuevas responsabilidades con mayor seguridad.

Además de reconocer lo positivo, esta fase de disolución implica confrontar y dejar atrás la autocrítica destructiva. Pensemos en la última vez que cometimos un error en algo importante, como un mal desempeño en una presentación o un fallo estratégico. ¿Cuál fue nuestra reacción? ¿Nos criticamos duramente, pensando "Soy terrible en esto" o "Nunca seré un buen líder"? Esta autoconversación negativa es un lastre que debe disolverse para permitir el surgimiento de una mentalidad constructiva. Bruce Lee lo resumió muy bien al decir: "No hables negativamente de ti mismo ni siquiera en broma. Tu cuerpo no sabe la diferencia. Las palabras son energía y lanzan hechizos". En esta primera etapa de la metamorfosis, reemplazamos esas frases limitantes con afirmaciones que reflejan nuestras capacidades y potencial.

Fase 2: Transformación – Reconstrucción y Reforzamiento

Una vez que hemos dejado atrás las creencias y actitudes que nos limitaban, avanzamos hacia la fase de transformación, donde empezamos a reconstruirnos. Es aquí donde se forja una nueva identidad, una que está alineada con nuestro propósito y valores. La transformación implica adoptar una mentalidad resiliente y abierta al aprendizaje. Este cambio de perspectiva nos permite ver los desafíos no como obstáculos, sino como oportunidades para crecer.

Michael Jordan, una de las figuras deportivas más icónicas, dijo una vez: "He fallado más de 9,000 tiros en mi carrera. He perdido más de 300 partidos. En 26 ocasiones me confiaron el tiro ganador y fallé. He fracasado una y otra vez en mi vida, y por eso he tenido éxito". Sus palabras capturan la esencia de la transformación: el fracaso no es un indicativo de incapacidad, sino un paso necesario para crecer. El líder en proceso de transformación aprende a ver cada tropiezo como parte de un proceso más amplio. Aceptar los fracasos y usarlos como impulso para mejorar es un componente fundamental en esta fase.

Fase 3: Emergencia – Consolidación del Cambio

La tercera fase de la metamorfosis es la emergencia, donde la nueva identidad del líder toma forma y se manifiesta. Este es el momento de consolidar la transformación interior y llevarla al ámbito de la acción consciente. Aquí, los impulsores del cambio —la motivación, la intención y la visión— juegan un papel esencial, sosteniendo y orientando cada decisión.

Motivación: El Motor Interno de la Metamorfosis

En los días en que los retos son abrumadores y la autoconfianza parece tambalear, la motivación se convierte en el motor que mantiene el impulso. Recordar que otros confían en nuestra capacidad para liderar y que muchos observan nuestro ejemplo puede servir de incentivo para actuar incluso cuando las fuerzas parecen escasas. Todos tenemos días en los que no sentimos el deseo de liderar, pero en esos momentos, podemos recurrir a lo que nos motiva de manera más profunda. Tal como sugirió Muhammad Ali al afirmar "Soy el más grande. Me lo dije incluso a mí mismo cuando no sabía que lo era".

La motivación también puede surgir del deseo de demostrar a quienes han dudado de nosotros que estaban equivocados. Esto no significa adoptar una actitud vengativa, sino transformar ese escepticismo en un estímulo para la autoafirmación.

Intención: La Dirección Clara y Consciente

La intención actúa como el timón que guía el nuevo rumbo del líder. Iniciar cada día con una intención clara asegura que nuestras acciones se alineen con nuestras prioridades y valores, permitiéndonos aprovechar el tiempo de manera efectiva. Por ejemplo, establecer una intención para el día puede ser tan sencillo como definir un objetivo específico antes de una reunión o identificar los temas más importantes a abordar con el equipo. La intención, además de organizar nuestras acciones, también establece un sentido de propósito en cada momento del día, recordándonos por qué hacemos lo que hacemos.

Para estructurar mi tiempo, he encontrado útil utilizar herramientas tangibles. Llevo años empleando pequeños relojes de arena para marcar bloques de tiempo específicos, asegurando que mis reuniones sean eficientes y productivas. Esto no solo establece un ritmo adecuado para el trabajo, sino que también envía un mensaje claro al equipo: el tiempo es valioso, y respetarlo demuestra compromiso y claridad de intención; por ello, a todas las reuniones, nuestros colaboradores llegan con los puntos a tratar sumamente desarrollados y sintetizados, lo que nos permite ir directo al grano. A través de estas prácticas, la intención se convierte en una fuerza guía que optimiza nuestro enfoque y mantiene el liderazgo orientado hacia el propósito superior.

Visión: Definiendo el Futuro del Liderazgo

Finalmente, la visión representa la culminación de la metamorfosis y actúa como la brújula que orienta el camino a seguir. Definir una visión es como conectar con la misma chispa de invencibilidad que sentimos en la infancia, cuando soñábamos con ser cualquier cosa que imaginábamos, desde superhéroes hasta artistas. Esta visión es el núcleo de nuestra nueva identidad como líderes y nos conecta con una dirección clara, basada en nuestras experiencias pasadas y aspiraciones futuras.

Al preguntarnos: ¿Dónde queremos estar en uno, cinco o diez años?, delineamos el horizonte hacia el cual avanzamos y sentamos las bases para un liderazgo con propósito. Establecer plazos y metas concretas para lograr esa visión nos da un marco dentro del cual

13.- Metamorfosis

podemos evaluar nuestro progreso y ajustar nuestro rumbo. La visión dirige nuestro liderazgo e inspira a quienes nos siguen, generando un efecto en cadena que motiva a otros a trabajar y colaborar para la consecución de los objetivos establecidos.

Así, la metamorfosis es un viaje de transformación que va desde la disolución de creencias limitantes hasta la emergencia de un líder consciente y seguro de su dirección. En este proceso, los impulsores del cambio —motivación, intención y visión— desempeñan un rol esencial, sosteniendo el nuevo estado de liderazgo y permitiéndonos integrar lo aprendido para impactar positivamente en nuestro entorno.

Al completar esta metamorfosis, estamos listos para enfrentar los desafíos con una mentalidad renovada y una claridad de propósito. Cada decisión y acción consciente fortalece nuestra capacidad de influir de manera significativa, consolidando un liderazgo que transforma, inspira y abre camino hacia un futuro lleno de posibilidades.

14

Manos a la obra

"El éxito no se logra solo con cualidades especiales. Es, sobre todo, un trabajo de constancia, de método y de organización".
Víctor Hugo

Hemos llegado al final de este viaje de autodescubrimiento y aprendizaje sobre el liderazgo consciente. Este capítulo es una invitación a la acción, para convertir todo lo aprendido en un motor de cambio real. La teoría es importante, pero el verdadero impacto surge cuando la aplicamos con intención y compromiso. El liderazgo consciente no solo se trata de saber, sino de actuar con propósito en cada decisión que tomamos.

A lo largo de este libro, hemos explorado las cualidades fundamentales de un líder consciente: la capacidad de escuchar, la empatía, la autenticidad, la pasión, la resiliencia, la asertividad y el poder de transformar nuestro entorno. También hemos discutido el potencial individual, el valor de los buenos hábitos, la disciplina y el liderazgo femenino, destacando la importancia de reconocer y potenciar el talento de todos los miembros del equipo. Además, analizamos la importancia de la metamorfosis personal: la capacidad de adaptarnos y evolucionar para ser mejores líderes. Ahora es momento de consolidar todas estas enseñanzas y ponerlas en marcha para generar un impacto significativo. No podemos esperar a que otros den el primer paso; el cambio comienza con nosotros.

Reconectar con el Propósito

Antes de seguir adelante, tómate un momento para reflexionar sobre las preguntas iniciales de este libro: ¿Qué espero de este libro?, ¿Qué quiero lograr?, ¿Qué tipo de líder quiero ser? Estas preguntas fueron diseñadas para ayudarte a establecer una visión clara de tu camino como líder. Ahora que has llegado al final, revisa tus respuestas y evalúa cómo has evolucionado.

Reflexionar sobre estas respuestas no es solo un ejercicio intelectual, sino una forma de reafirmar tu compromiso con el cambio. Al revisar tus objetivos y expectativas, podrás reconocer el crecimiento que has experimentado y, lo que es más importante, ajustar el rumbo de tu liderazgo consciente. La alineación constante con nuestro propósito es clave para mantenernos en el camino correcto, asegurándonos de que cada decisión que tomamos esté orientada hacia nuestras metas más profundas.

El liderazgo consciente requiere ajustes constantes. Nuestros objetivos pueden evolucionar a medida que crecemos y adquirimos nuevas experiencias. Asegúrate de que tus metas estén siempre alineadas con tus valores y con el impacto que deseas tener en el mundo. Esta revisión periódica es esencial para no desviarnos y para mantener el enfoque en aquello que realmente importa.

Plan de Acción Personal

El liderazgo consciente se basa en la práctica constante. Diseña un plan de acción personal que contemple metas a corto, mediano y largo plazo. Estas metas deben ser específicas, alcanzables y medibles. Tener un plan te permitirá traducir la teoría en acciones concretas y te ayudará a mantener la motivación a lo largo del camino.

Para monitorear el progreso de tu plan de acción, puedes establecer recordatorios semanales para evaluar tus avances, realizar revisiones periódicas de tus metas y buscar un compañero de responsabilidad (accountability partner) que te ayude a mantener el enfoque y la motivación.

Por ejemplo:

Corto plazo: Practicar la escucha activa en cada reunión durante el próximo mes. Al final de cada reunión, reflexiona sobre cómo aplicaste la escucha y qué podrías mejorar.

Mediano plazo: Mentorear a un miembro del equipo, brindándole apoyo constante para su desarrollo. Define un plan de seguimiento y fija hitos concretos para evaluar su progreso y ajustar tu enfoque.

Largo plazo: Participar en actividades de liderazgo comunitario para impactar positivamente en tu entorno. Esto puede incluir colaborar con organizaciones locales, ser voluntario en causas sociales o incluso organizar un taller para compartir tu experiencia sobre liderazgo consciente.

Este plan será tu guía para poner en práctica lo aprendido y para convertirte en el tipo de líder que quieres ser. Recuerda que los pequeños pasos acumulados generan grandes transformaciones. No subestimes el impacto de las acciones pequeñas y consistentes. Todo gran cambio comienza con una decisión y un primer paso.

Considera documentar tu progreso. Llevar un diario de liderazgo puede ser una herramienta poderosa para monitorear tus avances, identificar áreas de mejora y mantener una perspectiva clara de tu crecimiento. A medida que escribes sobre tus experiencias, te darás cuenta de cómo cada desafío superado y cada lección aprendida te acercan más a tus objetivos. Puedes guiar tus reflexiones con preguntas como: *¿Qué aprendí hoy sobre mi liderazgo?, ¿Cómo enfrenté los desafíos y qué podría mejorar?* o *¿Qué impacto tuvieron mis acciones en mi equipo esta semana?* Estas preguntas te ayudarán a estructurar mejor tus pensamientos y a mantener el enfoque en tu crecimiento personal.

Rutina de Mejora Continua

El liderazgo consciente es un viaje continuo que no tiene un destino final, sino múltiples etapas de crecimiento. Comprométete a una rutina de mejora continua que te permita seguir desarrollándote tanto a nivel personal como profesional. En esta rutina, también puedes incluir prácticas de autorreflexión específicas, como la meditación consciente o la revisión semanal de tus acciones en el contexto de tu liderazgo consciente. Estas prácticas fomentan un enfoque más introspectivo y te permiten crecer de manera más consciente y profunda. Leer un libro al mes sobre liderazgo, asistir a seminarios, participar en grupos de discusión y aprender de otros líderes son formas excelentes de mantener viva la llama del aprendizaje.

La mejora continua requiere disciplina y constancia. Cada pequeño esfuerzo que haces se acumula con el tiempo y contribuye a construir un liderazgo más auténtico y efectivo. La clave está en hacer del aprendizaje un hábito diario. Busca oportunidades para crecer en cada situación, incluso en los momentos difíciles. Aprende de tus éxitos, pero también de tus errores; son ellos los que te brindan las lecciones más valiosas.

Establece un sistema de autoevaluación periódica. Dedica un momento cada semana o cada mes para reflexionar sobre tus avances, identificar áreas de mejora y ajustar tus acciones. Esta práctica de autoevaluación es crucial para mantenerte en el rumbo correcto y asegurarte de que estás avanzando hacia tus metas. La reflexión constante sobre nuestras acciones nos permite aprender de manera consciente y seguir evolucionando como líderes.

Otra herramienta útil es buscar retroalimentación externa. Invita a tus colegas, mentores o miembros de tu equipo a compartir sus observaciones sobre tu estilo de liderazgo. La perspectiva externa puede ofrecerte una visión valiosa y ayudarte a ver aspectos que tal vez estés pasando por alto. La retroalimentación es una de las mejores maneras de crecer, ya que te permite entender el impacto que tienes en los demás y ajustar tus acciones para mejorar ese impacto.

Inspiración para el Futuro

Quiero dejarte con esta reflexión: El verdadero liderazgo está en las acciones, no en las palabras. Que cada decisión sea un paso hacia la transformación del mundo que te rodea.

El liderazgo consciente es una fuerza transformadora, tanto para ti como para quienes te rodean. Cada acción, por pequeña que sea, tiene el potencial de generar un gran impacto. Tu ejemplo es la herramienta más poderosa para inspirar a otros. Cuando actúas de acuerdo con tus valores y con el propósito que te guía, te conviertes en una fuente de motivación para quienes te rodean.

Recuerda siempre que el liderazgo consciente no se trata solo de influir en otros, sino también de transformar tu propio ser. Es un proceso de crecimiento interno que se refleja en tus acciones externas. Tu capacidad para liderar dependerá de tu compromiso contigo mismo, de tu disposición para enfrentar los desafíos y de la pasión con la que persigas tus objetivos. No olvides que tu ejemplo habla más fuerte que cualquier palabra; lidera con el corazón y con la coherencia de tus acciones.

¿Qué Impacto Quieres Dejar?

A medida que pones en práctica el liderazgo consciente, es esencial que te preguntes: ¿Qué impacto quieres dejar en tu equipo, en tu organización y en la comunidad que te rodea? El liderazgo consciente va más allá de alcanzar objetivos; se trata de construir un legado que inspire y eleve a otros. ¿Cómo quieres que te recuerden? ¿Qué cambio positivo quieres ver como resultado de tu liderazgo?

Todo lo que has aprendido está listo para ser puesto en práctica. No te conformes solo con la teoría; aplica, experimenta y transforma. Empieza con un pequeño cambio hoy y permite que ese cambio crezca y se convierta en algo significativo para ti y para los demás.

Es posible que, al principio, los resultados no sean inmediatos o que los cambios parezcan insignificantes, pero no te desanimes. La verdadera transformación requiere tiempo, paciencia y perseverancia. Rodéate de personas que compartan tu visión y te apoyen. Buscar alianzas y construir relaciones con personas afines fortalecerá tus capacidades. Busca mentores, forma grupos de discusión o participa en comunidades que compartan tus valores. Esto te ayudará a ver el liderazgo como una colaboración constante y te permitirá tener un impacto aún mayor.

Recuerda siempre: el cambio comienza con una intención clara y una acción concreta. ¡Manos a la obra!

Bibliografía

Clear, J. (2018). *Hábitos atómicos: Cambios pequeños, resultados extraordinarios*. Penguin Random House.

Covey, S. R. (1989). *Los 7 hábitos de la gente altamente efectiva: Lecciones poderosas de desarrollo personal*. Free Press.

Curran, T. (2023). *The perfection trap: Embracing the power of good enough*. Scribner.

David, S. (2016). *Agilidad emocional: Libérate de tus emociones, abraza el cambio y prospera*. Avery.

Ferriss, T. (2007). *The 4-hour workweek: Escape 9-5, live anywhere, and join the new rich*. Crown Publishing Group.

Grant, A. (2021). *Think Again: The power of knowing what you don't know*. Viking.

Grant, A. (2023). *Hidden Potential: The science of achieving greater things*. Viking.

Hill, N. (1937). *Piense y hágase rico*. The Ralston Society.

Kissinger, H. (2022). *Leadership: Six studies in world strategy*. Penguin Press.

Ludwig, P., & Schicker, A. (2018). *The end of procrastination: How to stop postponing and live a fulfilled life*. St. Martin's Essentials.

Pollard, M. (2020). *The introvert's edge to networking: Work the room. Leverage social media. Develop powerful connections*. HarperCollins Leadership.

Sun Tzu. (2015). *El arte de la guerra*. Alianza Editorial. (Fecha original de publicación aproximada: siglo V a.C.)

Voeltz, R. (2021). *Ghosts in the machine: The long death of the American factory*. Notion Press.

Made in the USA
Columbia, SC
01 February 2025